A2.2
学生用书
Schülerbuch

快乐德语 「第二版」

prima plus  | Deutsch für Jugendliche

Friederike Jin   Lutz Rohrmann

黄惠芳 编译

上海外语教育出版社
外教社 SHANGHAI FOREIGN LANGUAGE EDUCATION PRESS

Cornelsen

图书在版编目（ＣＩＰ）数据

快乐德语. A2. 2. 学生用书 / (德) 金莎黛编. —2版. -- 上海：上海
外语教育出版社, 2022
ISBN 978-7-5446-7130-9

Ⅰ.①快… Ⅱ.①金… Ⅲ.①德语—教材 Ⅳ.①H33

中国版本图书馆CIP数据核字(2022)第020266号

图字：09-2021-0711

出版发行：上海外语教育出版社
　　　　　（上海外国语大学内）　邮编：200083
电　　话：021-65425300 (总机)
电子邮箱：bookinfo@sflep.com.cn
网　　址：http://www.sflep.com.
责任编辑：王乐飞

印　　刷：上海华教印务有限公司
开　　本：890×1240　1/16　印张 5.25　字数 166千字
版　　次：2022 年 8 月第 2 版　 2022 年 8 月第 1 次印刷

书　　号：ISBN 978-7-5446-7130-9
定　　价：42.00 元
本版图书如有印装质量问题，可向本社调换
质量服务热线：4008-213-263　电子邮箱：editorial@sflep.com

近年来，随着我国外语教育教学改革的不断推进，包括德语教学在内的基础外语教学焕发出新的生机和活力。2018 年，教育部颁布了《普通高中德语课程标准（2017 年版）》，为基础教育阶段开设和优化德语课程提供了政策和技术性指导。除各地外国语学校之外，越来越多的其他各类学校也开设了德语作为第一外语或第二外语的课程。

多年来，上海外语教育出版社一直致力于为各学习阶段的德语学习者提供优秀的教材。经过仔细甄选，我社自 2010 年起从德国知名专业出版集团——康乃馨出版社引进出版了《快乐德语》（prima）系列教材。在过去的十余年里，全国有近百所中小学校将其作为首选德语教材。为适应新的社会发展，康乃馨出版社对该套教材进行了修订，我们也继续与康乃馨出版社合作，推出《快乐德语（第二版）》（prima plus），以进一步满足我国基础教育阶段德语学习者和授课教师的需要。

作为专门为青少年编写的零起点德语教材，《快乐德语（第二版）》严格遵循"欧洲语言共同参考框架"所设定的等级要求，分为 A1-B1 等三个级别，每个级别均配有"学生用书""练习册""词汇手册""学习手册"和"教师用书"等品种。教材内容编写科学、难度循序渐进，特别重视语音的训练，注重语法结构的实际运用。内容丰富，配有大量的语音、词汇、语法、阅读、听力、口语和写作等多样化练习，旨在全面系统地提高学生的听、说、读、写等四项语言能力，激发学生学习德语的热情，提高其德语交际应用能力。

与第一版相比，第二版的页面布局更加美观、话题内容更贴近当下、小组活动和项目教学更具可操作性、多媒体配套资源更符合互联网学习的特点。

根据我国青少年德语学习者的特点，我们特别邀请上海外国语大学王蔚副教授为 A1.1 级别学生用书配套编写了语音预备单元，邀请华东师范大学黄惠芳副教授增加了汉语注释并编写了词汇手册，邀请山东大学（威海）张雄老师编写了学习手册。另外，本套教材中相关的音视频资源均可在"爱听外语"APP 中下载使用。

希望学习者快乐地学习德语、学好德语、用好德语！

上海外语教育出版社

2021 年 6 月

prima plus+

Deutsch für Jugendliche

Chinesische Ausgabe

A2.2

Cornelsen

prima plus

A2.2 | Deutsch für Jugendliche
Chinesische Ausgabe

Im Auftrag des Verlages erarbeitet von
Friederike Jin und Lutz Rohrmann

Redaktion: Lutz Rohrmann, Dagmar Garve
Redaktionsassistenz: Vanessa Wirth
Mitarbeit: Meike Wilken, Karen Kölling

Beratende Mitwirkung: Roberto Alvarez, Michael Dahms, Katrina Griffin, Katharina Wieland, Milena Zbranková

Illustrationen: Laurent Lalo, Lukáš Fibrich (S. 29, 36, 49)
Audioaufnahmen: Cornelsen / Tonstudio Kirchberg, Lollar

Layoutkonzept: Rosendahl Berlin, Agentur für Markendesign
Technische Umsetzung: zweiband.media, Berlin

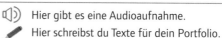

🔊	Hier gibt es eine Audioaufnahme.
✏	Hier schreibst du Texte für dein Portfolio.

Das ist prima^plus°

prima^plus° A2.2 ist der vierte Band eines Lehrwerks für Jugendliche ohne Deutsch-Vorkenntnisse, das zu diversen Prüfungen vom Goethe-Zertifikat FIT über das Zertifikat Deutsch bis hin zu den C1-Sprachdiplomen führt.
prima^plus° orientiert sich am Gemeinsamen europäischen Referenzrahmen. Die Bände A2.1 und A2.2 führen zur Niveaustufe A2. Die weiteren Bände führen zu den Niveaustufen B1, B2 und C1.
prima^plus° bietet ein umfassendes, kompetenzorientiertes Lernprogramm an, das den Lernprozess der Schülerinnen und Schüler in den Mittelpunkt stellt und aktives Sprachhandeln fördert.

Das Schülerbuch prima^plus° A 2.2 enthält sieben Einheiten, eine „Kleine Pause" und eine „Große Pause" sowie eine deutsch-chinesische Wortliste im Anhang.
Die Einheiten bestehen aus je acht Seiten. Die bilderreiche Einstiegsseite führt mit ersten Aufgaben zum Thema hin. Es folgen sechs Seiten mit Texten, Dialogen und vielen Aktivitäten, die die Fertigkeiten Hören, Sprechen, Lesen und Schreiben systematisch entwickeln. Im Sinne des europäischen Sprachenportfolios sprechen und schreiben die Schülerinnen und Schüler auch regelmäßig über sich selbst und ihre Erfahrungen.
Besonderen Wert haben wir auf aktuelle landeskundliche Informationen aus dem Alltag in D-A-CH gelegt. Sie sind mit **i** hervorgehoben.

prima^plus° bietet mehrere Ebenen der Spracharbeit, die den Aufbau der Kompetenzen unterstützen. Die orangenen Kästen Denk nach helfen dabei sprachliche Strukturen selbst zu erkennen und grammatisches Regelwissen aufzubauen. In jeder Einheit finden sich Übungen zum Aussprachetraining. Darüber hinaus bietet prima^plus° ein umfassendes Angebot zur Wortschatzarbeit. Aktivitäten zum Aufbau der Lernkompetenz, die mit TIPP gekennzeichnet sind, runden das Programm ab.
Die letzte Seite jeder Einheit fasst im Abschnitt Das kannst du das Gelernte knapp zusammen.
Die Kleine Pause nach Einheit 10 und die Große Pause nach Einheit 14 wiederholen den Lernstoff spielerisch und bieten literarische Ansätze.
Im Anhang finden sich die deutsch-chinesische Wortliste und eine Liste der unregelmäßigen Verben.
Das vierfarbige Arbeitsbuch mit Lerner-Audio-CD unterstützt die Arbeit mit dem Schülerbuch.
Zur schnellen Orientierung gibt es zu jedem Lernabschnitt im Schülerbuch unter der gleichen Nummer im Arbeitsbuch das passende Übungsangebot.
Die Audio-CDs zum Schülerbuch enthalten die Dialoge, Hörtexte und die Übungen zur Aussprache.

Wir wünschen viel Spaß beim Deutschlernen und beim Deutschunterricht mit prima^plus° .

Inhalt

Fitness und Sport

Das lernst du

– Über die eigenen Sportaktivitäten sprechen
– Entschuldigungen und Ausreden formulieren
– Über Sportler sprechen
– Über Unfälle sprechen

Ich mache seit drei Jahren Judo. Seit ich Judo mache, habe ich mehr Selbstbewusstsein.

Sammelt Sportarten in der Klasse. Das Wörterbuch hilft. 在课堂上收集体育项目。词典可提供帮助。

Hör zu. Welche Fotos passen? 听录音，选择正确的照片。

Welche Sportarten macht ihr? Welche möchtet ihr gerne ausprobieren? Erzählt.
讲一讲，你们从事哪种体育项目？你们想尝试哪种运动？

1 Sportarten: Wortschatz systematisch lernen

a Welches Verb passt zu welcher Sportart? 哪个动词与哪个体育项目相匹配？
A nennt eine Sportart und B nennt das Verb.
A 说出一个体育项目，B 说出动词。

Hockey?

Turnen?

Man braucht einen Ball. Also: spielen. Er spielt Hockey.

Das ist auch ein Verb: Ich turne gern.

Man braucht einen Ball.	→ spielen
Man braucht ein „Fahrzeug".	→ fahren
Die Sportart ist ein Verb.	→ das Verb
Die Sportart ist ein Nomen.	→ machen

b Arbeitet in Gruppen. Sammelt ein Wortfeld zu einer Sportart.
分组练习。对某一个体育项目收集一个语义场。

TIPP

Wörter kann man sich in Wortfeldern besser merken.

spielen — der Siebenmeter — der Ball — **Hockey** — der Schläger — der Schiedsrichter — der Spieler / die Spielerin — der Hockeyplatz — die Halle

c Sportarten raten – Arbeitet in Gruppen. Beschreibt eine Sportart Satz für Satz, nennt aber den Namen nicht. Nach wie vielen Sätzen erraten die anderen die Sportart?
分组练习。逐句地描述某一种体育项目，但不要说出体育项目名称。其他同学能在几句句子介绍完后，猜出这个体育项目？

Unseren Sport kann man draußen oder drinnen machen.

Man braucht ein Gerät und ein kleines Ding.

Profis verdienen in diesem Sport sehr viel Geld.

Man spielt zu zweit oder zu viert.

draußen – drinnen
in der Halle – auf dem Sportplatz
im Winter – im Sommer – das ganze Jahr
mit Gerät – ohne Gerät
mit Ball – ohne Ball
in der Mannschaft – zu zweit / allein
viel Geld – wenig Geld

2 Interviews zum Thema „Sport"

a Ordnet die Fragen zu zweit. Fragt euch gegenseitig und macht Notizen.
两人一组整理问句。你们互相提问并做好记录。

1. Bist du ein
2. Welchen Sport
3. Gehst du manchmal
4. Machst du Sport lieber
5. Welchen Sport siehst du
6. Machst du
7. Welchen Sport machst du

a) in einer Mannschaft oder allein?
b) in der Schule am liebsten?
c) joggen?
d) am liebsten im Fernsehen?
e) in deiner Freizeit Sport?
f) magst du nicht?
g) Sportfanatiker, Sportmuffel oder Sofasportler?

b Präsentiert die Ergebnisse.
展示你们的结果。

Gregor ist kein Sportfanatiker, aber auch kein Sportmuffel. Er fährt manchmal …

Sportfanatiker, Sportmuffel und Sofasportler

3 Die Bundesjugendspiele: schnell – schneller – am schnellsten

a Lies den Text. Gibt es eine ähnliche Sportveranstaltung bei euch?
阅读短文。你们那里有类似的体育活动吗？

Jedes Jahr finden in Deutschland an allen Schulen Bundesjugendspiele statt. Oft kurz vor den Sommerferien.
Die meisten Schulen machen Leichtathletik auf dem Sportplatz (Laufen, Weitsprung, Werfen ...). Manche Schulen machen auch Turnen und Schwimmen.
Alle Schüler bekommen am Ende eine Urkunde. Es gibt drei Arten von Urkunden: Die „Teilnehmerurkunde" bekommt jeder. Für die „Siegerurkunde" muss man eine bestimmte Punktzahl erreichen und die „Ehrenurkunde" ist für die sehr guten Sportler und Sportlerinnen.

b Hör zu. Wie finden Frauke, Lennart, Malte und Anke-Sophie die Bundesjugendspiele?
听录音。Frauke，Lennart，Malte 和 Anke-Sophie 如何看待联邦青年运动会？

c Hör noch einmal. Welche Sätze 1–8 sind richtig?
再听一遍，哪些句子（1–8）是对的？
Korrigiere die falschen Sätze. 纠正错误的句子。

1. Frauke springt weiter als Lennart.
2. Frauke läuft von den Mädchen am langsamsten.
3. Lennart wirft am weitesten in der Klasse.
4. Lennart schwimmt schneller als Anke-Sophie.
5. Malte spielt am liebsten Tennis.
6. Malte wirft nicht so weit wie Frauke.
7. Anke-Sophie läuft am schnellsten.
8. Anke-Sophie tanzt besser als Lennart.

Denk nach

	Komparativ	Superlativ
schnell	schneller	am schnellsten
weit	weiter	am weitesten
lang	länger	am längsten
groß	größer	am größten
hoch	höher	am höchsten
gern	lieber	am liebsten
viel	mehr	am meisten
gut	besser	am besten

4 Viele Talente in einer Klasse

a Lies das *Denk nach* in 3c. Bilde die Komparative und Superlative von den Adjektiven.
读一读 3c 中的 Denk nach。写出形容词的比较级和最高级。

weit werfen/springen
hoch springen
lang tauchen
schnell laufen

schnell rechnen/sprechen
laut sprechen
schön zeichnen/malen
viel tragen

gut Gitarre spielen
gut singen/kochen
gut Geschichten erzählen
gut auswendig lernen

weit springen   *weiter springen*   *am weitesten springen*

b Schreibt in Gruppen Sätze über die Talente in eurer Klasse. Welche Gruppe findet die meisten Talente? 分组写有关你们班上的才华的句子。哪个小组找到的才华最多？
Wer singt am besten? Wer spricht am schnellsten? Wer kann am besten kochen?
谁唱得最好？谁说得最快？谁饭菜做得最好？

5 Wo bleibst du denn?

a Hört den Dialoganfang. Überlegt: Was ist hier los? Sprecht in der Klasse.
听对话开头。想一想：这里发生了什么？在课堂上讨论。

> *Ich glaube, dass …*

> *Vielleicht …*

> *Wieso?*

> *Felix – na endlich!*
> *Wo bist du denn?*

b Hört den ganzen Dialog. Waren eure Vermutungen richtig? 听完整的对话。你们的猜测对吗？

c Ordnet den Dialog und schreibt ihn weiter.
整理对话并将其继续写下去。
Spielt dann eure Dialoge vor.
表演你们写的对话。

> ● Wieso?

> ● Hi, Jana! Was gibt's?

> ● Ups! Auweia! Entschuldige! Das habe ich total vergessen. Wir hatten heute länger Judotraining. Sorry!

> ■ Wir hatten heute eine Verabredung. Ich warte schon eine halbe Stunde.

> ■ Felix – na endlich! Wo bist du denn?

6 Sprechen üben: Vorwürfe und Entschuldigungen

a Hör zu und sprich nach. 听录音并跟读。

● Warum hast du meinen Hamburger gegessen?
■ Ups, war das dein Hamburger? Tut mir leid.

● Warum hast du meinen Hamburger gegessen?
■ Das war ich nicht. Das war mein Hund.

b Ausreden und Entschuldigungen – Ordne zu. 将 1–4 与 a)–d) 相匹配。

1. Meine Uhr	a) 15 Minuten Verspätung.
2. Mein Bus hatte	b) geht nicht richtig.
3. Ich konnte	c) dass heute Mittwoch ist.
4. Ich habe gedacht,	d) meinen Schlüssel nicht finden.

c Ein Spiel – Jeder schreibt zwei Zettel. Zettel 1: einen Vorwurf oder ein Problem. Zettel 2: eine Ausrede oder eine Entschuldigung.
每个人写两张纸条。纸条 1 上写：责备或一个问题。纸条 2 上写：借口或道歉。
– Sammelt die Zettel ein und mischt sie. 收集纸条并将其打乱。
– Jeder bekommt einen Vorwurfszettel und einen Ausredezettel. 每人得到一张责备纸条和一张借口纸条。
– A liest seinen Vorwurfszettel vor. Wer hat die passende Ausrede/Entschuldigung?
A 读他的责备纸条。谁有合适的借口／道歉？
Es kann sein, dass es mehrere Antworten gibt. 可能会有几种不同的回答。

7 Der Sportunfall

a Ein Arm in Gips. Hör das Interview mit Mario. Wo ist der Unfall passiert?
听与 Mario 的采访。事故发生在哪里？

1. Beim Fußballspielen.
2. Beim Basketballspielen.
3. Beim Joggen.

b Hör den zweiten Teil des Interviews. 听采访的第二部分。
Sind die Aussagen richtig (R) oder falsch (F)? 判断正误。

1. Marios Lieblingssportarten sind Judo und Karate.
2. Im Fernsehen sieht er gern Fußballspiele und Basketballspiele.
3. Mario musste einen Monat in der Klinik bleiben.
4. Jetzt hat Mario keine Schmerzen mehr.

c Kurz nach dem Spiel – Bring die vier Kurznachrichten in eine sinnvolle Reihenfolge.
将四个短信息按有意义的顺序进行排列。

☹☹☹
So ein Pech!!!
Was ist passiert?
Durfte er nicht
weiterspielen?

A

Wie war das
Spiel? Ich war beim
Zahnarzt.

B

Mario gefoult:
Arm gebrochen!
Musste in die
Klinik!

C

59:61 verloren ☹
Die letzten 3
Minuten ohne
Mario.

D

d Phonetik: dreimal „j". Hör zu und sprich nach. 听录音并跟读。

1. ja – jetzt – Judo – das Jahr
2. joggen – die Jeans
3. jonglieren – der Journalist

e Hattest du schon mal einen Unfall? Erzähle oder schreib einen kurzen Text.
你有没有遭遇过车祸？讲一讲或写一篇短文。

Wann? Wo?	Was ist passiert?	Ergebnis
beim Joggen / beim Judo	Ich bin gefallen / gestürzt.	haben
bei einer Fahrradtour	Ich bin vom Rad / Pferd gefallen.	Schmerzen / Kopfweh / …
in der Schule	Mein / Meine …	müssen
in der Turnhalle	(Fuß, Bein, Knie, Arm, Hand,	ins Krankenhaus / zum Arzt …
im Schwimmbad	Kopf, Schultern, Finger …)	einen Gips tragen
auf dem Weg zum / zur …	war / waren verletzt.	eine Woche liegen
	hat / haben wehgetan.	nicht dürfen
	war gebrochen.	trainieren
		Sport machen

Ich hatte bei einer Fahrradtour einen Unfall. Ich bin vom Rad gefallen. Ich hatte Schmerzen und konnte nicht weiterfahren. Mein Knie …

8 Rekorde

a Lies die drei Texte schnell und ordne sie den Fotos zu. 阅读三篇短文并将其与照片相匹配。

Mario Götze (*1992) | Mit 3 Jahren hat der kleine Mario schon Fußball gespielt. 2007 war er schon in der Jugendnationalmannschaft. 2009 ist er dann zu Borussia Dortmund gekommen, 2011 und 2012 war Dortmund der beste deutsche Verein und Götze hat mit seiner Mannschaft die Meisterschaft gewonnen. 2010 hat er zum ersten Mal in der Nationalmannschaft gespielt. Er war der jüngste Nationalspieler im deutschen Team seit 66 Jahren. Nur Uwe Seeler, die Fußballlegende, war bei seinem ersten Einsatz 1954 ein paar Tage jünger. 2013 ist er für 37 Mio. Euro zum FC Bayern München gewechselt und war der teuerste deutsche Spieler. Jetzt spielt er bei Bayern, einem der erfolgreichsten Clubs der Welt. Beim Endspiel der WM 2014 hat er das 1:0 geschossen.

Gianina Ernst (*1998) | Die Deutsch-Schweizerin ist schon mit fünf Jahren Ski gefahren. Sie ist eine Schanze hinuntergefahren und dann viele Meter durch die Luft geflogen. Skifahren liegt bei ihr in der Familie. Ihr Vater war ein bekannter Skispringer, ihre Mutter eine Langläuferin. Bei ihrem ersten Einsatz in einem Skisprung-Weltcup hat sie sofort den 2. Platz geholt. Das war 2013 in Norwegen. Eine Riesenüberraschung und gleichzeitig die Qualifikation für die Olympischen Spiele in Sotschi 2014. Dort war sie mit 15 Jahren die jüngste Teilnehmerin. Sie hat schon jetzt eine sehr gute Technik, ihr weitester Sprung bis jetzt war 112 Meter.

Sebastian Vettel (*1987) | Sebastian Vettel ist schon als kleines Kind erfolgreich Kartrennen gefahren. 2003, mit 16 Jahren, ist er in den Formelsport eingestiegen und hat 2004 mit 18 Siegen in 20 Saisonläufen einen Rekord aufgestellt. 2010 hat er die Weltmeisterschaft gewonnen und war der jüngste Weltmeister. Er ist mit Michael Schumacher der bekannteste deutsche Rennfahrer. 2010, 2011, 2012 und 2013 war er viermal hintereinander Weltmeister. Er hat also den Titel viermal nacheinander gewonnen. In seiner Karriere hat Sebastian Vettel viele Rekorde aufgestellt: 2013 hatte er die meisten Grand-Prix-Siege und die längste Siegesserie in einer Saison. Seit 2015 fährt er für Ferrari.

b Zu wem passen die Zahlen? Warum? 数字与谁匹配？为什么？

2   3   15   16   37   1987   2004   2012   2013

c Lies die Texte noch einmal und notiere die Ausdrücke mit Superlativ. Sammelt an der Tafel.
再读一遍短文，记录带有形容词最高级的表达，将其集中写到黑板上。

der bekannteste ... Rennfahrer

d Schreibt Fragen zu den Texten. Fragt in der Klasse.
对课文提问。在课堂上进行提问。

> *Wann hat Sebastian Vettel mit dem Rennfahren angefangen?*

> *In welchem Jahr ...?*

> *Wer war 2013 in Norwegen die jüngste Teilnehmerin?*

Denk nach

Superlative vor dem Nomen

der teuerste Sportler
die jüngste Sportlerin
das schnellste Auto
die teuersten Pferde

Superlative vor dem Nomen haben die normalen Adjektivendungen.

Kennst du den teuersten deutschen Fußballspieler?
2013 war der teuerste deutsche Spieler ...

9 Gehirnjogging – der etwas andere Sport

a Lies den Text über Konstantin Skudler. 阅读关于 Konstantin Skudler 的文章。

Konstantin Skudler hat schon früh sein Talent gezeigt. Schon mit vier Jahren konnte er lesen und rechnen und mit 10 Jahren hat er die Gedächtnisweltmeisterschaft in seiner Altersklasse gewonnen. In nur 30 Minuten hat er die Reihenfolge von 513 Nullen und Einsen auswendig gelernt.

Ich kann mir die Zahlen mithilfe von Bildern merken. Die einzelnen Bilder sind eine Route. Die forme ich dann in eine Geschichte um.

b Mach die zwei Übungen. Wie viele Zahlen und Wörter kannst du auswendig lernen? 做两个练习。你可以记住多少数字，多少单词？

„Zahlensprint"
Du hast fünf Minuten Zeit.
Lerne die folgenden 20 Zahlen.

3 4 5 9 8 9 ▶ 3 6 9 2 4 6 5 7 9 0 1 2 3

„Wörterlauf"
Du hast fünf Minuten Zeit. Lerne die folgenden 20 Wörter.

Vater gebrochen Ruhe Spaß hinfallen schwer Wochenende Sport Klassenarbeit Fernsehen Physik schreiben Fußball Auto Freunde Arm Arzt langweilig wehtun Sonne

c Wie habt ihr die Zahlen und Wörter auswendig gelernt? Berichtet in der Klasse. 你们是如何记忆数字和单词的？ 在课堂上作汇报。

d Hör die Minigeschichte. Wie heißt der Tipp von den Weltmeistern? 听小故事。世界冠军的建议是什么？ Ordne die Wörter. 整理单词。

e Funktioniert der Tipp? Was meint ihr? 这建议有效吗？你们是怎么想的？

TIPP

So lernt man die 20 Wörter am besten: eine – mit – Geschichte – Wörtern – Mach – den

Projekte

A Stelle einen berühmten Sportler vor.
介绍一位著名运动员。

B Präsentiere deine Lieblingssportart.
展示你最喜欢的体育项目。

C Präsentiere eine ungewöhnliche Sportart.
展示一项不寻常的体育项目。

Fingerhakeln ist ein berühmter Sport in Bayern.
Es gibt sogar deutsche Meisterschaften.

Über die eigenen Sportaktivitäten sprechen

Am liebsten spiele ich Basketball mit meinen Freunden.

In der Schule mache ich am liebsten Turnen. Das kann ich am besten.

Im Fernsehen sehe ich am liebsten Formel 1. Ich bin ein Sofasportler.

Entschuldigungen formulieren

Tut mir leid, ich musste meiner Mutter in der Küche helfen.

Entschuldigung, mein Bus hatte Verspätung.

Über Unfälle sprechen

Er ist vom Fahrrad gefallen. Seine Hand war gebrochen.

Er durfte drei Wochen keinen Sport machen.

Sie ist beim Skifahren gestürzt. Sie hatte Kopfschmerzen und musste eine Woche liegen.

Über Sportler sprechen

Er ist im Moment der bekannteste deutsche Rennfahrer.

Sie war die jüngste Teilnehmerin bei Olympischen Spielen.

Er spielt beim erfolgreichsten deutschen Fußballclub.

Außerdem kannst du ...

... Texte über berühmte Personen verstehen.

... Kurzbiografien schreiben und vortragen.

Grammatik   kurz und bündig

Komparativ und Superlativ 比较级与最高级

	Komparativ	Superlativ
schnell	schneller	am schnellsten
weit	weiter	am weitesten

Manchmal mit Umlaut

groß	größer	am größten
jung	jünger	am jüngsten
alt	älter	am ältesten
hoch	höher	am höchsten

Besondere Formen

gern	lieber	am liebsten
viel	mehr	am meisten
gut	besser	am besten

> Sie spricht am meisten!

> Er spricht am schnellsten und am lautesten.

Superlativ vor dem Nomen 名词前的最高级

Superlative vor dem Nomen stehen mit dem bestimmten Artikel. Sie haben die Adjektivendungen.

Nominativ	Kofi ist **der schnellste** Schwimmer in der Klasse.
	Lea und Lars sind **die besten** Tänzer.
Akkusativ	Mario hat **den besten** Kopfhörer und hört **die interessanteste** Musik.
Dativ	Tobi fährt mit **dem schnellsten** Fahrrad.

Unsere Feste

Sieh dir die Bilder an und hör zu. Zu welchen Bildern passen die Hörszenen?
看图听录音。音频场景匹配哪些图片？

das Schulfest – das Volksfest – der Karneval – Ostern

Sylvia, Tina, Niklas und Orkan sprechen über Feste. Warum ist ihr Fest für sie jeweils
am wichtigsten? Sylvia，Tina，Niklas 和 Orkan 谈论节日。为什么他们的节日对他们来说最重要？

Welches Fest ist für dich besonders wichtig und warum? 哪个节日对你而言特别重要？为什么？

1 Ein Volksfest

a Lies den Text und beantworte die Fragen 1–8. 阅读短文，回答问题（1–8）。

| E-Mail | Eingang | Entwürfe | ⇨ Senden |

München, 23. September

Hi, Tobi, wir sind in München auf dem Oktoberfest. Das ist supertoll! Schade, dass du nicht dabei bist. Die „Wiesn" (so nennen die Leute hier das Fest, weil es auf der Theresienwiese stattfindet) ist das größte Volksfest der Welt. Letztes Jahr waren fast 7 Millionen Leute hier. Die Achterbahn ist Wahnsinn und der Free-Fall-Tower auch. Wir trinken ja keinen Alkohol, aber die Leute hier trinken umso mehr. Und das ist teuer: über 10 Euro für einen Liter Bier! 7 Euro zahlt man für Mineralwasser. Ich weiß nicht, wie die Leute das bezahlen. Das Wetter ist super, es ist warm und sonnig. Bei unserem nächsten Deutschlandbesuch gehen wir zum „Cannstatter Wasen" in Stuttgart. Der ist auch super, haben wir gehört, und dann musst du unbedingt mitkommen!

Bis bald, Sylvia und Aaron

1. Wie viele Leute sind letztes Jahr zum Oktoberfest gekommen?
2. Wie ist die Achterbahn?
3. Wann ist das Oktoberfest ungefähr?
4. Ist das Oktoberfest sehr groß?
5. Wie war das Wetter?
6. Sind die Getränke teuer?
7. Wo gibt es ein anderes großes Volksfest?
8. Wie finden Sylvia und Aaron das Fest?

b Indirekte Fragen – Ergänze das *Denk nach*. 补充 Denk nach。

Denk nach

W-Frage	Indirekte Frage (W-Frage)
Wo sind Sylvia und Aaron zurzeit?	Kannst du mir sagen, wo Sylvia und Aaron **sind**?
Was ist das Oktoberfest?	Wer kann mir sagen, w…?
Ja/Nein-Frage	**Indirekte Frage (Ja/Nein-Frage)**
Sind die Getränke teuer?	Kannst du mir sagen, **ob** die Getränke teuer **sind**?
Kostet Mineralwasser auch so viel?	Wer kann mir sagen, **ob** …

c Schreib die Fragen aus a als indirekte Fragen. 将 a 中的问句写成间接疑问句。

Kannst du mir sagen, … ? Wer kann mir sagen, …?

2 Phonetik: w und b

a Hör zu und sprich nach. 听录音并跟读。

Wir trinken kein Bier.
Was ist das Beste?
Wer will Bratwürste braten?
Die Achterbahn ist Wahnsinn.

Wir brauchen Wasser und Butter.

Wir brauchen Wasser und Butter.

Wir brauchen W…

b Schreibt Sätze mit w- und b-Wörtern.
写一下由以字母 w 和 b 开头的单词组成的句子。
Lest sie vor. Die anderen müssen nachsprechen.
朗读这些句子，其他同学跟读。

3 Janeks Blog

a Ergänze die Fragen und schreib sie ins Heft. 补充问句并将其写到练习本上。

wer – wie – was – was – wann – wie viel – wie viele – wie viele – sind – ist

A Das Schulfest

1. … war das Schulfest?
2. Bis um … … Uhr ist das Schulfest gegangen?
3. … haben die Schüler präsentiert?
4. … hat beim Schulfest Musik gemacht?
5. … die Eltern auch zum Schulfest gekommen?

B Der Karneval in Köln

1. … ist der Karnevalszug?
2. … … Musiker gibt es?
3. … ist das Beste?
4. … … Süßigkeiten gibt es?
5. … der Karnevalszug in Köln sehr groß?

b Lies den Text und beantworte die Fragen aus 3a. 阅读短文，回答 3a 中的问题。

Janeks Blog	⁺Kommentar	Suchen	⇨ Startseite

Das **Schulfest** in Ladenburg kurz vor den Sommerferien war klasse. Es hat um zwei Uhr nachmittags angefangen und war erst um 12 Uhr nachts zu Ende. Vorher waren die Projekttage und beim Schulfest haben alle Gruppen ihre Projekte präsentiert. Die Eltern haben Salate und Kuchen mitgebracht und auf dem Fest verkauft. Die Schule hat eine tolle Band: die Schüler-Lehrer-Band. Sie haben ganz unterschiedliche Musik gespielt. Mal Rock für die Eltern und dann Sachen für Jugendliche. Man konnte sogar Lehrer tanzen sehen. Das war lustig. Einige Lehrer tanzen echt gut.

Der Höhepunkt vom **Karneval in Köln** ist der Rosenmontagszug. Über 12 000 Menschen und viele Karnevalswagen nehmen daran teil. Es gibt auch viel Musik. Ungefähr 4 000 Musiker spielen Karnevalslieder. Die Leute sind sehr fröhlich und tanzen zur Musik. Die meisten sind verkleidet. Aber das Beste sind die Süßigkeiten. Von den Karnevalswagen wirft man Süßigkeiten zu den Zuschauern. Es sind etwa 150 Tonnen. Davon 700 000 Tafeln Schokolade.

c Lest das *Denk nach* und schreibt indirekte Fragen.
阅读 Denk nach，写间接疑问句。

Wer weiß, wann das Schulfest in Ladenburg war?

d Tauscht die Zettel und fragt in der Klasse.
交换纸条，在课堂上进行提问。

Wer weiß, …?

Wisst ihr …?

Wissen Sie …?

Verb	wissen
ich	**weiß**
du	**weißt**
er/es/sie/man	**weiß**
wir	wissen
ihr	wisst
sie/Sie	wissen

4 Das stimmt – das stimmt nicht.

a Welche Feste sind das? Ordnet die Wortgruppen den Fotos zu. 这些是什么节日？将词组与照片相匹配。

Ostern	Weihnachten	Geburtstag	Hochzeit
das Osterei	der Tannenbaum	der Geburtstagskuchen	der Bräutigam
der Osterhase	das Lebkuchenhaus	die Kerzen	die Braut
	die Weihnachtsplätzchen		die Trauung

b Du hörst drei Lieder. Zu welchen Festen passen sie? 听三首歌。它们适合哪个节日？

c Vier Aussagen zu Festen. Ordne zu. Hör dann die Aussagen.
关于节日的四个陈述。将 1–4 与 a)–d) 相匹配。然后听陈述。

1. ● Zur Hochzeit lädt man in den deutsch-sprachigen Ländern alle Verwandten und Freunde ein. Meistens sind es mehr als 200 Personen.

2. ● Der Geburtstag ist sehr wichtig. Besonders den 18. und die runden Geburtstage feiern viele groß.

3. ● Alle Deutschen lieben den Karneval.

4. ● Ich finde, dass Weihnachten ein sehr schönes Fest ist.

a) ■ Ja, das stimmt, aber ich finde Ostern auch schön. Ich suche gerne Ostereier.

b) ■ Nein, das ist falsch. Die Feiern sind meistens viel kleiner als in anderen Ländern.

c) ■ Ich denke, das ist richtig.

d) ■ Nein, das stimmt so nicht. Viele lieben Karneval, aber genauso viele finden ihn blöd.

d Schreib vier Aussagen über Feste bei euch. Zwei „richtige" und zwei „falsche".
写有关你们这里节日的四个陈述，两个正确的，两个错的。
Lest vor und reagiert auf die Aussagen wie in **c**. 朗读四个陈述，并参照 **c**，对陈述作出反应。

☺	☹
Das ist richtig.	Das stimmt (so) nicht.
Ich denke, das ist richtig.	Das ist falsch.
Das stimmt.	Unsinn! …
	Das glaube ich nicht. Ich denke, dass …

Der Schulanfang ist bei uns das wichtigste Fest.

Was? Das glaube ich nicht! Ich denke, dass … wichtiger ist.

5 Sprechen üben: widersprechen

🔊 **a** Hör zu und entscheide. 听录音作决定。
Wie widersprechen sie: 他们如何反对：
energisch oder vorsichtig? 果断还是谨慎？

1. Das stimmt so nicht, es gibt …
2. Ich denke, das ist richtig.
3. Nein, das ist falsch.
4. Ja, das finde ich auch.

b Sprich die Sätze einmal energisch und einmal vorsichtig. 一次果断地、一次谨慎地说出这些句子。

c Sucht euch neue Themen aus (Schule, Freizeitangebot am Ort …)
und arbeitet noch einmal wie in 4d und 5b.
选择新的主题（学校，当地休闲活动……），
参照 4d 和 5b，再练习一遍。

> *Das stimmt so nicht, wir haben doch viele AGs.*

> *Unsere Schule ist langweilig.*

6 Über Feste berichten

a Lies die E-Mail einer Brieffreundin von der deutschen Schule in Santa Cruz (Bolivien) und schreib
Fragen mit den folgenden Fragewörtern. Fragt und antwortet.
阅读圣克鲁斯德国学校的一个笔友的电子邮件。用以下疑问词写问句。提问并回答。

Wer – Wann – Wo – Wie – Was

| E-Mail | Eingang | Entwürfe | ⇨ Senden |

Hallo!

Du hast mich gefragt, was bei uns das wichtigste Fest ist? Keine Frage, der Karneval. Bei uns ist der Karneval im
Sommer und es ist sehr, sehr heiß. Zwischen 30 und 40°C sind normal.
Unsere Schulferien gehen bis Ende Januar und dann ist bald das Karnevalswochenende. Am Samstag gibt es den
großen Karnevalszug. Er ist fast so schön wie der Karnevalszug in Rio de Janeiro. ☺
Und dann gibt es überall Feste und Partys und Musik auf der Straße. Man darf in diesen Tagen keine guten Kleider
anziehen, denn es ist eine Tradition, dass man mit Wasser und zuletzt sogar mit Farbe wirft. Alle sehen dann ganz
bunt aus. Aber auch die Häuser in der Altstadt und die Autos werden bunt. Schreib mir doch, was bei dir das wichtigste Fest ist. Hast du auch Fotos?

Liebe Grüße
Sara

JPEG

b Lies zuerst die Tipps. Beantworte dann die E-Mail:
先读一下写作建议，然后回复邮件：
Berichte über ein Fest aus deiner Stadt / deinem
Land. 谈谈你所在城镇或中国的某一个节日。

Schreib …

– wann das Fest ist,

– wie lange es dauert,

– was es zu essen/trinken gibt,

– was die Leute machen,

– wie es dir gefällt.

Schreib 50 bis 100 Wörter.

Vergiss die Anrede am Anfang und den Gruß
am Schluss nicht.

TIPPs zum Schreiben

Beachte diese vier Schritte beim Schreiben:
1. Text planen: Notiere Stichwörter.
2. Text planen: Ordne deine Stichwörter.
3. Text schreiben.
4. Text korrigieren: Lies deinen Text dreimal:
a) Stehen die Verben richtig?
b) Groß- und Kleinschreibung?
c) Sonstige Rechtschreibung:
i/ie – e/ee/eh – s/ss/ß – m/mm – n/nn

7 Was tun?

a Lesestrategie: selektives Lesen. Lies 1–6 und das Programm. 读句子（1–6）和活动安排。
Suche für 1–6 eine passende Veranstaltung.
给句子（1–6）找出合适的活动。

1. Charleen findet Motorrad-Shows super.
2. Svenja liebt Märkte.
3. Hilal fragt, wo es ein Straßenfest gibt.
4. Konstantin findet Politik interessant und diskutiert gern.
5. Ann-Kathrin möchte mal wieder in eine Open-Air-Disco.
6. Georg möchte eine Fahrradtour machen,
   vielleicht mit anderen zusammen.

Mein Tipp:
Arbeite ohne Wörterbuch! Du musst
nicht jedes Wort verstehen.

Feste in der Region Rhein-Main am Wochenende

**Mittelalterspectaculum ·
Oppenheim · 23.–24. Mai**

Zur Feier des 1000-jährigen
Marktrechts findet in Oppenheim
einer der schönsten mittelalter-
lichen Märkte statt. Mit einem
Kulturprogramm und Live-Musik
bis spät in die Nacht.

A

Mainfest · 24. Mai

Am Fluss warten über 70
Schausteller mit modernen
Attraktionen (Riesenrad,
Free-Fall-Tower …) auf die
Gäste. Spannendes Programm
mit Musik für Jung und Alt.
Ein Laufwettbewerb, Fahrrad-
touren und ein Feuerwerk
ergänzen das Fest.

B

Quellenfest · Bad Vilbel · 25. Mai

Frühlings- und Straßenfest mit verkaufs-
offenem Sonntag. Großes Rahmenprogramm
mit „Krönung der Quellenkönigin" und
Live-Musik.

C

**Open-Ohr-Festival · Mainz · Musik, Theater,
Diskussion · 23.–24. Mai**

Das Jugendkulturfestival bietet 5000–7000 jugendlichen
Besuchern die Gelegenheit, intensiv aktuelle politische
Themen zu diskutieren.

D

Alteburger Markt · Idstein · 24. Mai

Traditioneller Markt (16. Jahrhundert) im alten Römerkastell. Bis zum späten Abend feiern Jung und Alt bei
Bratwurst, Bier, Wein und guter Laune.

E

**Folklore- und Altstadtfest ·
Büdingen 24.–25. Mai**

Mit Open-Air-Konzert in
der historischen Altstadt.
Eintritt frei.

F

**Magic Bike · Rüdesheim ·
23.– 25. Mai**

Internationales
Motorradtreffen.
Live-Musik,
Motorrad-Parade,
Motorrad-Stunt-Show,
US-Car-Show und
Feuerwerk.

G

**10. Schlossfest ·
Darmstadt · 24. Mai**

Musik auf vier
Live-Bühnen +
Disco-Area – rund
20 Bands spielen
Musik von Rock bis Rap.

H

b Welche Veranstaltungen findet ihr interessant? Warum? 你们觉得哪些活动有趣？为什么？

Ich finde das Schlossfest
interessant, weil …

8 Sich verabreden

🔊 **a** Du hörst zwei Dialoge. Wohin gehen die Jugendlichen? 听两个对话。年轻人们去哪里？

b Hör Dialog 1 noch einmal und kreuze an. 再听一遍对话 1，请画叉。

1. Was machen Till und Ben am Freitag?
   - a Sie gehen zu einem Fest.
   - b Sie spielen in einer Band.

2. Das Schlossfest in Darmstadt ist ...
   - a am Freitag ab 16 Uhr.
   - b am Samstag.

3. Wann gehen Till und Ben zum Fest?
   - a Um 16 Uhr.
   - b Gegen 20 Uhr.

c Hör Dialog 2 noch einmal und kreuze an. 再听一遍对话 2，请画叉。

1. Jo möchte am Freitag ...
   - a zu einer Motorradshow.
   - b zu einer Party gehen.

2. Mia ...
   - a mag keine Motorräder.
   - b hat am Freitag keine Zeit.

3. Am Samstag hat Mia ...
   - a am Nachmittag Zeit.
   - b den ganzen Tag Zeit.

d Übt den Dialog zu zweit. 两人一组练习对话。

● Willst du am Freitag zur *Magic Bike* mitkommen?

■ Ich glaube, nicht, ich habe keine Lust.

● Warum kommst du denn nicht mit?

■ Weil ich Motorräder blöd finde.

● Und was machst du am Samstag?

■ Wollen wir zum Mainfest gehen?

● Ja, gerne, wie lange hast du Zeit?

■ Ich habe den ganzen Tag Zeit.

● Super, dann können wir ja um 11 bei der Fahrradtour mitmachen.

■ Klar, klasse Idee. Und danach gehen wir auf den Free-Fall-Tower.

● Und ich will aufs Riesenrad. Ich liebe Riesenräder! Ich hole dich um zehn ab.

■ Ja, klasse, bis Samstag dann.

e Bereitet Stichwörter für eigene Dialoge vor und spielt sie. 准备对话关键词并表演对话。

Wollen wir nach ... zum/zur ...?	Ich will zum/zur ... nach ... gehen.
Was wollen wir am Wochenende machen?	Einverstanden.
Wann willst du gehen?	Ich habe keine Lust.
Wie lange hast du Zeit?	Ich mag nicht / liebe ...
Was gibt es da?	Nein, da komme ich nicht mit.
Weißt du, wann/ob ...?	Dann gehen wir lieber ...

Projekt

Feste in Deutschland, Österreich und der Schweiz oder Feste bei euch:
德国、奥地利、瑞士和中国的节日：

Hafengeburtstag Hamburg
Basler Fasnacht
Konstanzer Seenachtfest
Wiener Wiesn
Ski-Openings ...

Basler Fasnacht

Hafengeburtstag

Arbeitet in Gruppen. Sucht euch ein Fest aus, sammelt Informationen und Bilder und stellt das Fest der Klasse vor. 分组练习，选择一个节日，收集信息和图片并在课堂上作介绍。

Nach Informationen fragen

Kannst du mir sagen, wann dieses Jahr Ostern ist?

Weißt du, wann wir die Zeugnisse bekommen?

Wer weiß, wie man in Deutschland Hochzeit feiert?

Kannst du mir sagen, ob die Getränke teuer sind?

Zustimmen und widersprechen

Ich finde, dass Weihnachten ein sehr schönes Fest ist.

Ja, das finde ich auch.

Das ist richtig.

Ich denke, das ist nicht richtig.

Die Schweizer feiern Geburtstag immer mit 200 Gästen.

Das glaube ich nicht.

Das stimmt (so) nicht.

Das ist falsch.

Gemeinsame Aktivitäten planen

Was wollen wir am Wochenende machen?

Wann willst du gehen?

Wie lange hast du Zeit?

Wollen wir nach … zum/zur …?

Was gibt es da?

Weißt du, wann/ob …?

Ich will zum/zur … nach … gehen.

Einverstanden.

Ich habe keine Lust.

Ich mag nicht … / Ich möchte nicht so gerne …

Nein, da komme ich nicht mit.

Dann gehen wir lieber …

Außerdem kannst du …

… Blogs über Feste in den deutschsprachigen Ländern verstehen.

… einen Text über Feste in deinem Land schreiben.

… Informationen in einem Veranstaltungskalender finden.

Grammatik	kurz und bündig

Indirekte Fragen 间接疑问句

W-Frage	Indirekte W-Frage
Wo sind Sylvia und Aaron zurzeit?	Wer weiß, **wo** Sylvia und Aaron zurzeit **sind**?
Was ist der Cannstatter Wasen?	Kannst du mir sagen, **w…**?
Wann fängt das Fest **an**?	Hast du gehört, **wann** das Fest **anfängt**?
Wer kommt zum Konzert **mit**?	Wer weiß, **wer** zum Konzert **mitkommt**?

Ja/Nein-Frage	Indirekte Ja/Nein-Frage
Gibt es in Stuttgart ein Volksfest?	Weißt du, **ob** es in Stuttgart ein Volksfest **gibt**?
Kommt Leon auch zum Open Air?	Weißt du, **ob** Leon auch zum Open Air **kommt**?

wissen

ich	**weiß**
du	**weißt**
er/es/sie/man	**weiß**
wir	wissen
ihr	wisst
sie/Sie	wissen

Ich weiß, dass ich nichts weiß!

Austausch

Das lernst du

– Über Ängste sprechen und jemanden beruhigen
– Länder vergleichen
– Sagen, wohin man im Zimmer etwas tut
– Verständigungsprobleme klären
– Notizen für einen Bericht verstehen

Ordne die Ausdrücke den Fotos zu. Sammelt noch mehr Wörter zu den Bildern.
将下列表达与照片匹配。针对图片收集更多的单词。

Fahrrad statt Schulbus – in Deutschland gibt es keine Schuluniformen –
das Essen ist ganz anders – die Familien sind größer/kleiner als bei uns

Du hörst drei Interviews. Welche Fotos passen zu welchem Interview?
听三个采访。哪些照片与哪个采访匹配？

1 Alles ist anders.

a Hör die drei Interviews noch einmal und notiere die Informationen. 再听一遍三个采访并记录信息。

1. Wo haben sie einen Austausch gemacht? /
   Wohin wollen sie gehen?
2. Wann? / Wie lange?
3. Was ist anders?
4. Was ist gut?
5. Was ist ein Problem?

Katja, 15

Joscha, 16

Miriam, 16

b Lies das *Denk nach* und ergänze die Sätze 1–9. 读 Denk nach，补充句子（1–9）。

Denk nach

Es gibt **keine** Kartoffeln,	**sondern** Reis.
Bei uns tragen wir **keine** Schuluniformen,	**sondern** normale Kleidung.
Ich fahre **nicht** mit dem Fahrrad zur Schule,	**sondern** mein Gastvater bringt mich mit dem Auto.
Der Austausch war **nicht nur** schön,	**sondern auch** sehr interessant.

Katja erzählt:

1. Der Verkehr ist nicht geordnet, sondern …
2. Von der Schule nach Hause kann sie nicht mit dem Fahrrad fahren, sondern …
3. Sie braucht für den Schulweg nicht zehn Minuten, sondern …
4. Mittags isst sie nicht zu Hause, sondern …

Joscha erzählt:

5. Joschas Gastfamilie war nicht klein, sondern …
6. Am Wochenende war es nicht ruhig, sondern …
7. Er war nicht nur in Chile, sondern auch …

Miriam erzählt:

8. Miriam bleibt nicht ein Jahr in Kapstadt, sondern …
9. Sie darf in der Schule nicht anziehen, was sie will, sondern …

2 Deutschland und euer Land

Vergleicht euer Land mit Deutschland.
将中国与德国作比较。

Verkehr

Wohnen

Freizeit

Essen

Schule

Klima/Wetter

Bei uns gibt es nicht so viel/viele …
Bei uns kann man nicht …, sondern man muss …
Das Essen in … ist … genauso … wie …
In … ist es nicht nur im … warm/kalt, sondern auch …
Unser Land ist größer/wärmer als Deutschland.
Der Sommer ist bei uns viel länger/kürzer als in …
In … gibt es die schönsten/größten/besten …

3 Mach dir keine Sorgen!

a Sprechen üben – Hört das Beispiel. Ordnet dann Sorgen Beruhigungen zu und übt zu zweit.
两人一组做练习。先听例句，然后将 1–4 与 a)–d) 相匹配。

Vielleicht verstehe ich nichts.

Mach dir keine Sorgen. Die helfen dir sicher.

Sorgen

1. Vielleicht verstehe ich nichts.

2. Hoffentlich finde ich den Weg zur Schule.

3. Ich habe Angst, dass ich alles falsch mache.

4. Was mache ich, wenn mir das Essen nicht schmeckt?

Beruhigungen

a) Das kannst du bestimmt mit deinem Austauschpartner besprechen.

b) Mach dir keine Sorgen. Die helfen dir sicher.

c) Du schaffst das schon. Und wenn du mal einen Fehler machst, das macht doch nichts.

d) Du kannst ja Leute fragen. Du kannst doch die Sprache. Du gehst doch bestimmt erst mit deinem Austauschpartner zusammen. Das ist bestimmt kein Problem.

b Formuliert eigene Sorgen und Beruhigungen. Spielt Dialoge wie in a.
表达自己的忧虑和安慰。参照 a，表演对话。

4 Linda möchte ins Ausland gehen.

a Bewerbungsformular – Lies und antworte auf die Fragen mit wenigen Wörtern. 阅读并用短语回答问题。

1. Warum will Linda einen Schüleraustausch machen?
2. Wie soll ihre Gastfamilie aussehen?

b Füllt das Formular ohne euren Namen aus.
填写表格，不要写自己的名字。

c Ratespiel: Sammelt die Formulare ein und mischt sie und lest sie vor. Wer hat was geschrieben?
收集表格，将其打乱后读表格。谁写了什么？

Name/Geburtsdatum/Klasse
Linda Peters/18.2.2002/10b

Wer hatte die Idee für einen Schüleraustausch?
Meine Freundin hat einen Austausch gemacht. Das war eine tolle Erfahrung. Jetzt möchte ich auch ins Ausland gehen. Meine Eltern finden die Idee auch gut.

Beschreib deine Familie.
Ich lebe mit meiner Mutter und meinen zwei Brüdern zusammen. Stefan ist 9 und Lukas 14 Jahre alt. Meine Eltern sind geschieden. Ich bin jedes zweite Wochenende bei meinem Vater.

Beschreib deine ideale Gastfamilie (kleine Kinder, große Kinder, Haustiere, in der Stadt, auf dem Land ...).
Ich möchte gerne eine Familie mit Kindern in meinem Alter. Am liebsten möchte ich eine Gastschwester. Haustiere mag ich, aber das ist mir nicht so wichtig. Ich möchte nicht so gerne auf dem Land wohnen, lieber in einer mittelgroßen Stadt.

Was sind deine Hobbys?
Musikhören, Tanzen, Schwimmen.

Was denkst du, wie kannst du im Gastland Freunde finden?
Ich möchte offen sein und mit vielen reden, wir können zusammen Musik hören und tanzen gehen, dann kann man gute Freunde finden.

Was ist für dich besonders wichtig?
Ich möchte nicht viel allein sein. Ich mag gerne mit Menschen zusammen etwas machen.

Unterschrift
Linda Peters

5 Linda in Shanghai – die Wohnung der Gastfamilie

a Seht euch die Bilder an. Welche Wörter zum Thema „Wohnen" kennt ihr?
Sammelt in der Klasse.
仔细看图片。你们对主题为"居住"
的单词了解多少? 在课堂上收集一下。

b Hör das Gespräch zwischen
Linda und ihrer Mutter.
In welcher Wohnung wohnt sie?
听 Linda 和她母亲的对话。她住在哪间公寓?

c Wo ist was? Hör das Gespräch noch
einmal, sieh dir das Bild an und ergänze
die Sätze im Heft.
什么东西放在哪里? 再听一遍对话,看图补充句子。

1. Der Schrank steht rechts … … Tür.
2. Das Regal steht … … Schrank.
3. Der Schreibtisch steht … Fenster.
4. Das Bett ist links … …Tür.
5. Die Poster hängen … … Betten.
6. Die Kuscheltiere sitzen und liegen …
   … Bett von Lili.
7. Die Lampe hängt … … Tisch.

d Übt die Präpositionen. Zeigt und sprecht. 练习介词。表演并跟着说。

> *Das Buch ist
> über dem Kopf.*

> *Sie steht auf dem Stuhl.*

> *Nicht vergessen:
> Frage: Wo? Präposition
> immer mit Dativ. Ich liege
> unter dem Stuhl.*

6 Phonetik – Wiederholung: lange und kurze Vokale

a Hör zu, sprich nach. Ist der Vokal lang oder kurz? 听录音并跟读。元音发长音还是短音?
das Bett – hoffentlich – können – anziehen –
der Wecker – das Fahrrad – wohnen – stehen – groß –
das Klavier – liegen – schaffen – die Erfahrung –
der Teppich – der Sessel – ruhig

b Ergänze 1–4 im *Denk nach* mit „kurz" oder „lang".
在 Denk nach 的 1–4 中填写 "kurz" 或 "lang"。

c Ordne die Wörter aus 6a den Regeln 1–4 zu.
将 6a 中的单词与 Denk nach 中的规则相匹配。

Denk nach

1. Vor einem Doppelkonsonanten (*ss, tt,
   pp, ck* …) ist der Vokal immer …
2. Vor einem *h* ist der Vokal immer …
3. Vor einem *ß* ist der Vokal immer …
4. *ie* und Vokal + *h* spricht man immer …

7 Auspacken

a Sieh dir die Zeichnung an und ergänze das *Denk nach*.
仔细看图，补充 Denk nach。

> **Denk nach**
>
> Präpositionen mit Akkusativ
>
> in, an, auf, unter, über, vor, hinter, neben, zwischen
>
> | Frage: Wohin? | → | Akkusativ |
> |---|---|---|
> | der Schrank | → | in d… Schrank |
> | das Bett | → | unter d… Bett |
> | die Tür | → | hinter d… Tür |
> | die Bücher | → | neben **die** Bücher |
> | | → | **in** das / **in**s Regal |
> | | → | **an** das / **an**s Bett |

b Wohin kann Linda ihre Sachen tun? Schreib die Sätze. Linda 可以把她的东西放到哪里？写句子。

1. Den Wecker kann sie … stellen.
2. Das Handy kann sie … legen.
3. Das Kleid kann sie … hängen.

4. Ihren Ausweis kann sie … legen.
5. Sie kann den Fotoapparat … legen.
6. Sie kann ihr Kuscheltier … setzen.

8 Hängen, liegen, legen, sitzen, setzen, stehen, stellen

a Aktionen beschreiben: *hängen, setzen, stellen, legen*. Lest die Beispiele und arbeitet dann zu zweit.
描述动作：读例句，两人一组进行练习。

Wohin soll ich die Jacke hängen?

Wohin soll ich das Mäppchen legen?

Hänge sie über deinen Stuhl.

Leg das Mäppchen auf die Bücher.

> **Wohin?** →
>
> legen, stellen, setzen, hängen
>
> Sie **legt** das Handy auf **den** Tisch.
> Sie **hängt** das Foto an **die** Wand.
>
> **Wo?** •
>
> liegen, stehen, sitzen, hängen
>
> Das Handy **liegt** auf **dem** Tisch.
> Das Foto **hängt** an **der** Wand.

b Den Endzustand beschreiben: *hängen, sitzen, stehen, liegen*. Beschreibt wie im Beispiel.
描述最终状态：参照示例，进行描述。

Wo liegt das Mäppchen?

Das Mäppchen liegt auf den Büchern.

9 Elina kommt nach Hamburg.

a Hör das Interview. Warum telefoniert Elina mit ihren Gasteltern?
听采访。为什么 Elina 与她寄宿家庭的父母亲打电话？

b Hör noch einmal und lies mit. 再听一遍并跟读。

● Grundmann.

■ Ja, guten Tag, ich bin Elina.

● Oh, Elina, schön, dass du anrufst, wir freuen uns alle schon, dass du kommst. Wie geht es dir? Ist alles in Ordnung?

■ Wie bitte? Bitte sprechen Sie langsam, ich habe Sie nicht verstanden.

● Ja, natürlich. – Wie geht es dir?

■ Danke, gut, und Ihnen?

● Uns geht es prima, hat bei dir alles geklappt? Kommst du am Montag?

■ Ja, ich komme am Montag und ich habe eine Frage: Kommen Sie zu … äh … zu … ich weiß das Wort nicht, kommen Sie zu … äh … auf Englisch *platform*?

● *Plattform*? Was meinst du?

c Hilf Elina. Erkläre *platform* auf Deutsch. 帮帮 Elina。用德语解释 platform。

d Hör das Gespräch zu Ende. Was ist richtig? Was ist falsch? 听完对话，判断正误。

1. Elina kommt am Busbahnhof an.
2. Familie Grundmann wartet auf Elina am Gleis.
3. Familie Grundmann bringt ihren Hund mit.
4. Elina kommt am Montagvormittag an.

e Erkläre ein Wort auf Deutsch. Die anderen raten, welches Wort du ausgewählt hast.
用德语解释一个单词。其他同学猜一猜，你选择了哪个单词？

Schwester – Koffer – Verspätung – Gastfamilie – Klassenarbeit – Jugendlicher – Zimmer – Flughafen

> **TIPP**
>
> Wörter mit Fantasie erklären
> Es kommt oft vor, dass du ein Wort auf Deutsch nicht weißt. Das ist kein Problem, denn es gibt viele Möglichkeiten:
> – Erkläre das Wort mit anderen Wörtern.
> – Gib Beispiele.
> – Zeige mit Mimik und Gestik, was du sagen willst.
> – Notfalls hilft auch das Wörterbuch auf dem Handy ☺.

10 Aktivitäten in Hamburg

a Elina und ihre Gastschwester Lisa planen das Wochenende. Ergänze den Dialog mit *im*, *in* oder *ins*.
Elina 和她寄宿家庭里的姐妹 Lisa 正在计划周末。用im，in 或 ins 补充对话。

● Was machen wir am Wochenende?

■ Wollen wir … Kino gehen? Bist du einverstanden?

● Ach nee, … Kino war ich vorgestern, gehen wir lieber … die Europa-Passage shoppen.

■ Ja, gute Idee. … der Europa-Passage gibt es tolle Geschäfte.

b Spielt Dialoge wie in a. 参照 a，表演对话。

die Speicherstadt

der Tierpark Hagenbeck

die Europa-Passage

11 Austauschberichte

a Pedro, Maria und Luis sind Austauschschüler aus Santa Cruz de la Sierra. Nach der Rückkehr aus Deutschland müssen sie einen Bericht schreiben. In ihren Tagebüchern haben sie Notizen für ihren Bericht gemacht. Lies die Textteile. Was passt zusammen?

Pedro，Maria 和 Luis 是来自圣克鲁斯—德拉塞拉的交换生。从德国返回之后他们必须写一份报告。在他们的日记中他们为报告做了笔记。阅读以下段落。将 1–3 与 A–C 相匹配。

Ich möchte so gerne für eine Woche zurückfahren, mit meiner Familie zusammen sein und in der Sonne Fußball spielen. Aber das kann ich nur träumen!   Luis   **A**

Heute war ein normaler Tag und ich bin zum ersten Mal in die Schule gegangen. Die ersten zwei Stunden (Deutsch) waren schrecklich. Ich habe nicht viel verstanden und konnte mit niemandem sprechen. Aber später in der Pause war es besser und ich konnte einige Schüler kennenlernen. Das Problem war, dass ich allein mit dem Bus nach Hause fahren musste.   **1**

Ich hatte keine Ahnung, wo die Haltestelle war und musste jemanden fragen. Ich war total nervös und hatte Angst, dass ich im falschen Bus war. Alle haben mich komisch angesehen. Aber es war der richtige Bus!   Pedro   **B**

Gestern sind wir zum Dreiländereck gefahren (Belgien, Deutschland und Holland). Es war wunderschön. Wir sind auf einen Fernsehturm gestiegen.   **2**

Es war komisch, weil man gleichzeitig in drei Ländern war. Am letzten Wochenende waren wir dann Ski fahren in der Skihalle mit Gerd, Robert und Alexander. Das war super. Erst habe ich viel auf dem Boden gelegen, aber dann konnte ich zusammen mit den anderen fahren.   Maria   **C**

Die Tage werden immer dunkler. Alles ist nur grau, nicht lebendig. Ich bin joggen gegangen und um 5 Uhr nachmittags war es schon total dunkel! Von November bis Februar leben die Deutschen bei Dunkelheit. Ich vermisse die Sonne von Santa Cruz.   **3**

b Welche Überschrift passt zu welchem Tagebucheintrag? 哪个小标题与哪个日记相匹配？

Geschafft!
Die besten Momente!
Heimweh!

c Positive Erfahrungen und Probleme. Sammelt und macht eine Tabelle.
收集积极的经历和问题，将其填写到表格中。

Positive Erfahrungen bei den ersten Kontakten mit Klassenkameraden	Probleme in den ersten Deutschstunden

Über Ängste sprechen, jemanden beruhigen

Hoffentlich finde ich den Weg zur Schule.
Ich habe Angst, dass ich alles falsch mache.
Was mache ich, wenn …

Mach dir keine Sorgen. Du schaffst das schon.
Das ist bestimmt kein Problem. Die helfen dir sicher.

Länder vergleichen

In Deutschland kann man anziehen, was man möchte, bei uns muss man Schuluniformen tragen.
In Deutschland gibt es viele kleine Familien, genauso wie bei uns.
Bei uns ist der Verkehr nicht so geordnet wie in Deutschland, sondern chaotisch.

Sagen, wohin man im Zimmer etwas tut

Wohin tust du den Koffer?
Ich stelle meinen Koffer hinter die Tür.
Ich lege meine Kleidung in den Schrank.
Ich stelle meine DVDs ins Regal.

Ich hänge meine Poster
über den Schreibtisch.
Ich setze mein Kuscheltier
auf das Bett.

Verständigungsprobleme klären

Wie bitte?
Wie heißt das auf Deutsch?

Entschuldigung, das habe ich nicht verstanden,
können Sie bitte langsam sprechen?

Außerdem kannst du …

… ein Formular ausfüllen.
… Notizen für einen Bericht verstehen.

Grammatik   kurz und bündig

Konjunktion *sondern* 连词 sondern

Es gibt **keine** Kartoffeln,	**sondern** Reis.
Ich fahre **nicht** mit dem Fahrrad zur Schule,	**sondern** mit dem Bus.
Er war **nicht nur** in Deutschland,	**sondern auch** in der Schweiz.

Wechselpräpositionen: Richtung + Akkusativ 方向介词：方向+第四格

Wohin? → **an, auf, in, hinter, neben, über, unter, vor, zwischen**

Wohin soll ich das Poster hängen?	Über **den** Schreibtisch.
Wohin stellst du den Sessel?	Vor **die** Lampe.
Wohin hast du die DVDs gestellt?	Neben **die** Bücher.

Wohin gehst du heute Abend?	Ins Kino, kommst du mit?	in + das = ins
Wohin fahrt ihr in den Ferien?	Wir fahren **ans** Meer.	an + das = ans

---

Verben mit Bewegung: Wohin? →
表示运动的动词

Verben ohne Bewegung: Wo? ●
不表示运动的动词

Ich **lege** die Gitarre auf den Tisch.	Die Gitarre liegt auf dem Tisch.
Ich **stelle** die Gitarre auf den Boden.	Die Gitarre steht auf dem Boden.
Ich **setze** meinen Teddy auf das Bett.	Mein Teddy sitzt auf dem Bett.
Ich **hänge** das Foto an die Wand.	Das Foto hängt an der Wand.

legen – hat gelegt, stellen – hat gestellt, setzen – hat gesetzt, hängen – hat gehängt
liegen – hat gelegen, stehen – hat gestanden, sitzen – hat gesessen, hängen – hat gehangen

Sprechen und spielen: Wo sind die Sachen?

das Handy
der Rucksack
die Schuhe
das Buch
die Gitarre
die Jacke
die Zeitschriften
der MP3-Player
die Kappe
die Katze

a Spielt zu zweit oder zu viert. Jeder ordnet auf einem Zettel den Bildnummern 1–10 einen
Gegenstand aus der Liste zu. Die anderen dürfen deinen Zettel nicht sehen!
两人或四人一组做游戏。每个人在一张纸条上将图中数字与单词表中的东西相匹配。其他人不可以看你的纸条。

b Fragt euch gegenseitig mit Ja/Nein-Fragen. Wer findet die zehn Gegenstände zuerst?
用一般疑问句互相提问。谁先找到这十个东西？

● Hast du die Zeitschriften auf den Tisch gelegt?

■ Nein. Hast du die Jacke in den Schrank gehängt?

● Ja.

■ Treffer! Und hast du …?

Sprechen: Finde eine Person, die …

a Lies 1–8 und notiere deine Antworten auf einem Zettel. 读句子 1–8，并在一张纸条上记录你的回答。

b Frag deine Mitschüler und finde in zehn Minuten eine Person, die …
问你的同学并在十分钟内找出一个符合以下条件的人。

1. … so viele Geschwister hat wie du.
2. … die gleichen Hobbys hat wie du.
3. … gerne klassische Musik hört.
4. … die gleichen Lieblingsfächer hat wie du.
5. … drei Wörter auf Italienisch kann.
6. … die gleiche Lieblingsfarbe hat wie du.
7. … eine Oma mit über 75 Jahren hat.
8. … ein Gedicht auswendig kann.

> 1. 1 Bruder / 1 Schwester
> 2. Musik, Basketball, Kino
> 3. Nein!

Hast du auch einen Bruder und eine Schwester?

Magst du auch …?

c Berichtet in der Klasse. 在课堂上作汇报。

Markus hat einen Bruder und eine Schwester wie ich. Wir hören auch beide gerne Musik. Nadja hört gerne klassische Musik und ich R&B.

Spielen und wiederholen

Spielt in zwei Gruppen. 分成两组做游戏。

Würfelt und löst die Aufgabe auf dem Feld.

掷骰子并解答方格中的题目。

Richtig: Du darfst bleiben. 正确：停留

Falsch: Du musst wieder zurück. 错误：必须返回

Start

1
- Basketball 14 Uhr?
- ☹ Unterricht!
- 17 Uhr?
- ☺

2
gern – lieber – …
viel – mehr – …
gut – besser – …

3
Du bist echt fit!
Geh 2 Felder vor.

4
Warum kommst du so spät?

5
Erklär ein Wort auf Deutsch: „Bruder", „Lehrerin".

10
Du bist in Topform! Geh 1 Feld vor.

9
Leo fährt nicht mit dem Bus zur Schule, … mit dem Fahrrad.

8
Reagiere auf den Satz: „Weihnachten ist das schönste Fest."

7
Leg das Handy auf d… Tisch, stell den Rucksack auf d… Boden, häng die Jacke in d… Schrank.

6
So ein Pech! Du hast deinen Fuß verletzt. Geh 2 Felder zurück.

11
Sven kann nicht mit in den Club kommen, weil …

12
Grippe? Du musst dich ausruhen. Setz eine Runde aus!

13
Was weißt du über Gehirnjogging? Sag 2 Sätze.

14
Leckerer, gesunder Obstsalat! Extra Vitamine bringen dich 2 Felder vor.

15
Richtig oder falsch? Das Oktoberfest in München ist das größte Volksfest in der Welt.

20
Wo ist meine Zeitschrift? Unter d… Bett oder i… Regal oder auf d… Schreibtisch.

19
Was braucht man zum Fußballspielen? Nenne 3 Wörter.

18
Arm gebrochen! Geh 2 Felder zurück.

17
Erklär ein Wort auf Deutsch: „Austausch", „Schuluniform".

16
Frag mit einer indirekten Frage: Wann ist Tinas Party? Was wünscht sie sich?

21
Frischer Salat? Prima! Geh 2 Felder vor!

22
Daniela hat den rechten Arm gebrochen und …

23
Reagiere auf den Satz: „Schulpartys sind langweilig."

24
weit, weiter, am …
schnell…
groß …
lang …
hoch …

25
Schon wieder Pech! Geh 1 Feld zurück!

30
Jemand hat Angst vor dem Test. Du beruhigst ihn/sie.

29
Wohin möchtest du lieber gehen? … Schwimmbad oder … Meer?

28
Erklär ein Wort auf Deutsch: „Sportfanatiker", „Sportmuffel"

27
Deine Mannschaft hat gewonnen! Geh 2 Felder vor.

26
Was ist der Rosenmontagszug?

Ziel

Mündliche Prüfung Teil 3: einen Termin vereinbaren / sich verabreden

a Arbeitet zu zweit und probiert die Aufgabe aus. 两人一组练习，尝试任务。

A hat den Terminkalender A, A 的约会日历为 A，
B hat den Terminkalender B. B 的约会日历为 B。
Ihr dürft den Terminkalender von eurem
Partner / eurer Partnerin nicht lesen.
你们不可以阅读你们伙伴的约会日历。
Ihr könnt euer Gespräch auch aufnehmen.
你们也可以将你们的对话进行录音。

> am + Wochentag
> um + Uhrzeit

Samstag, 15. August	
7.00	
8.00	
9.00	
10.00	
11.00	mit den Eltern einkaufen
12.00	
13.00	Mittagessen
14.00	
15.00	
16.00	Tischtennisturnier
17.00	
18.00	
19.00	
20.00	Abendessen + fernsehen bei Oma/Opa
21.00	

A

Ihr wollt zusammen ein Geburtstags-
geschenk für Lukas kaufen. – Wann
könnt ihr euch treffen?

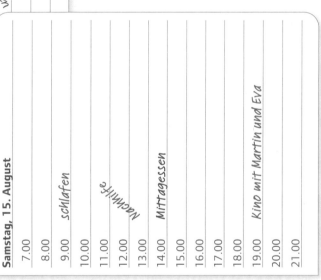

Samstag, 15. August	
7.00	
8.00	
9.00	schlafen
10.00	
11.00	Nachhilfe
12.00	
13.00	Mittagessen
14.00	
15.00	
16.00	
17.00	
18.00	
19.00	Kino mit Martin und Eva
20.00	
21.00	

B

Ihr wollt zusammen ein Geburtstags-
geschenk für Lukas kaufen. – Wann
könnt ihr euch treffen?

b Hört das Gespräch von Anna und Jonathan und vergleicht es mit eurem Gespräch. Was machen die
beiden anders als ihr? Was machen sie besser? Was machen sie nicht so gut? Macht Notizen und
diskutiert in der Klasse. 听 Anna 和 Jonathan 的对话并将其与你们的对话作比较。他们和你们有什么不同？
他们什么方面做得更好？他们什么方面做得不好？请作记录并在课堂上讨论。

c Was könnt ihr machen, wenn ihr euren Partner / eure Partnerin nicht versteht oder wenn euer
Partner / eure Partnerin euch falsch versteht? Hört das Gespräch noch einmal und sammelt
nützliche Sätze. 如果你们没听清楚你们伙伴说的话，或者如果你们的伙伴误会了你们的意思，你们可以做什
么呢？再听一遍对话并收集有用的句子。

> Entschuldigung, das habe ich nicht verstanden, meinst du …?
> Kannst du das bitte wiederholen?
> Nein, ich habe nicht um 3 Uhr gemeint, sondern um 13 Uhr.
> Da habe ich mich versprochen. Ich wollte sagen: …

Literatur

DAS BUCH

„Ich möchte gern eine Leinwand sein", sagte das Buch zum Regal, „und viele bunte Bilder tragen."
„Eine Leinwand?", schnaubte das Regal verächtlich, „Du bist doch schon viel zu alt und staubig.
Guck deine Seiten an. Du hast schon so viele verloren."
„Wünschen kann man immer", sagte das Buch ein wenig traurig und sammelte weiterhin Staub auf
seinem Rücken.

Eines Tages wurde das Regal leergeräumt. Zusammen mit anderen vergilbten Büchern, zerissenen
Zeitschriften, Zeitungen und Papier wurde das Regal recycelt und zu einer großen Leinwand verar-
beitet. Schon kurz darauf stand es in einer Galerie und wurde jeden Tag mit neuen Farben bemalt.
Die Leinwand fand sich wunderschön und war froh, nicht mehr im Regal zu verstauben.

Schreib eine Geschichte wie Franz Hohler. 参照 Franz Hohler，写一个故事。
Mögliche Themen: 可能的话题：圣诞树、窗玻璃、书。

Der Tannenbaum   Die Fensterscheibe

Berliner Luft

Das lernst du

– Über eine Großstadt sprechen
– Nach dem Weg fragen / einen Weg beschreiben
– Um Hilfe bitten
– Höflich nach Informationen fragen
– Eintrittskarten kaufen

Wie komme ich zum Fernsehturm?

A — *das Brandenburger Tor*

B — *der Zoo und die Gedächtniskirche*

Da müssen Sie die S-Bahn nehmen.

C

D — *der Bundestag (das Parlament)*

Was wisst ihr über Berlin? Sammelt in der Klasse. 你们对柏林了解多少？在课堂上收集一下。

Klassenfahrt – Hör zu. Wo sind die Schüler und Schülerinnen? Welches Foto passt? 班级旅游-听录音。学生们在哪里？哪张照片与哪段对话相匹配？

1 Hauptstadt Berlin

a Lies den Text und ordne die Zahlen zu.
阅读短文并将下列数字填入合适位置。

4 – 30% – 1999 – 1,5 Mio. – 3,4 Mio. – 170

Berlin hat **1** Einwohner und ist eine sehr grüne Metropole. Über **2** vom Stadtgebiet sind Parks und Wälder. Durch die Stadt fließen zwei Flüsse, die Spree und die Havel.
5 Man kann Stadtrundfahrten mit dem Schiff machen oder in einem gemütlichen Strandcafé sitzen.

Die deutsche Hauptstadt hat viele Sehenswürdigkeiten, u. a. das Brandenburger
10 Tor, den Zoo, den Fernsehturm, das Sony-Center, den Checkpoint Charlie, die Museumsinsel und die Gedächtniskirche. Es gibt auch viele große und kleine Theater und Kinos.

15 Berlin ist seit **3** wieder Sitz der deutschen Regierung. Das Parlament arbeitet im Reichstagsgebäude und die meisten Ministerien sind im Regierungsviertel an der Spree. Ganz in der Nähe ist der moderne Hauptbahnhof.

20 Berlin ist eine multikulturelle Stadt, Menschen aus über **4** Ländern leben hier. Jedes Jahr im Frühsommer findet der Karneval der Kulturen statt. An diesem großen, bunten Straßenfest nehmen Menschen aus der ganzen Welt teil. **5** Besucher
25 feiern **6** Tage lang gemeinsam.

Der erste kulturelle Höhepunkt im Jahr ist immer die Berlinale im Februar. Sie gehört zu den größten Filmfestivals weltweit. Filmstars aus der ganzen Welt treffen sich hier, denn die
30 „Bären" gehören zu den wichtigsten Preisen der Filmindustrie.

Berlin ist auch eine Mode-Stadt. Viele junge Designerinnen und Designer arbeiten hier und entwerfen vor allem Mode für
35 junge Leute.

Sony-Center

Filmfest: Berlinale

Modestadt Berlin

Karneval der Kulturen

> Berlin hat 3,4 Millionen Einwohner.

b Schreibt Fragen zum Text. Fragt euch gegenseitig in der Klasse. 读短文写问句，在课堂上你们互相提问。

> Wo liegt Berlin?

> Welche Festivals …?

> Was ist …?

> Wann … ist …?

c Adjektivendungen wiederholen – Ergänze die Sätze. Es gibt viele Möglichkeiten. 补充句子。答案不是唯一。
gemütlich – viel – berühmt – neu – groß – interessant – bekannt – bunt – teuer – spannend

1. Berlin ist eine … Stadt.
2. Es gibt … Festivals.
3. Der Karneval der Kulturen ist ein … Fest.
4. Den … Hauptbahnhof gibt es seit 2006.
5. Man sitzt gern in einem … Straßencafé.
6. In Berlin leben viele … Modedesigner.

2 Museumsbesuch

a Hör zu. Wo waren Miri und Kata?
Was finden sie unglaublich?
听录音。Miri 和 Kata 去了哪里？
他们觉得什么是难以置信的？

b Hör noch einmal. Welche Sätze sind richtig?
Korrigiere die falschen Sätze.
再听一遍录音。哪些句子是对的？纠正错误的句子。

1. Es gibt heute eine Grenze durch Berlin.
2. Ab Juni 1961 war Berlin geteilt.
3. Alle Familien waren getrennt.
4. Es gibt noch Reststücke von der Mauer.
5. Miri möchte ein Foto vom Museum
   machen.

c Die Berliner Mauer 1961–1989. Sammelt
Informationen im Internet.
柏林墙 1961–1989。上网收集信息。

3 Musikstadt Berlin

a Lies den Text. Wo passen die Wörter und Ausdrücke? 阅读短文。以下单词和表达放在哪里适合？

in Parks – kleine Bühnen – Musikhauptstadt – Rap – Musiker – DJs – Lieder – Sängerin

Berlin ist die **1** von Europa. Aus der ganzen Welt kommen Musiker gerne hierher. Hier gibt es ganz
unterschiedliche Musik – von klassischen Konzerten bis zum Rock und **2**, von Oper bis zu Popfestivals.
Drei Opernhäuser und die Berliner Philharmonie sind die großen Bühnen, daneben gibt es viele **3** und
viele Musiker treten auch auf der Straße oder **4** auf. In keiner anderen deutschen Stadt leben so viele
5. Auch die Clubszene ist sehr lebendig und viele **6** sind in Berlin aktiv. Insgesamt leben 12 000
Menschen in Berlin von Musik.
Es gibt über 200 **7** über Berlin. Schon 1899 hat Paul Lincke das Lied „Das ist die Berliner Luft"
geschrieben und mehr als hundert Jahre später haben „Die Prinzen" und viele andere Songs über die
Hauptstadt Deutschlands gemacht. Marlene Dietrich, eine weltberühmte Schauspielerin und **8**, ist in
Berlin geboren und hat viele Lieder über ihre Heimatstadt gesungen.

b Welche Musik gefällt euch? 你们喜欢什么音乐？

c Welche Lieder über eine Stadt gibt es bei euch? 在中国有哪些关于一个城市的歌曲？

4 Unterwegs in der Stadt

a Wohin? Ergänze die Sätze und ordne sie den Zeichnungen zu. 去哪里？补充句子并将其与图片相匹配。

an der – an der – durch den – über den – über die – über die

1. Geh … … Park.
2. Geh … … Brücke.
3. Geht … … Platz hier.
4. Geht hier … … Straße.
5. Gehen Sie … … Kreuzung rechts.
6. Geh … … Ampel links.

Wie soll ich gehen?

Gehen Sie nach rechts und dann nach links.

Wo soll ich nach rechts und nach links gehen?

b Du bist am Hauptbahnhof. 你在火车总站。
Hör zu. Was ist
der richtige Weg?
听录音。哪条路是正确的？

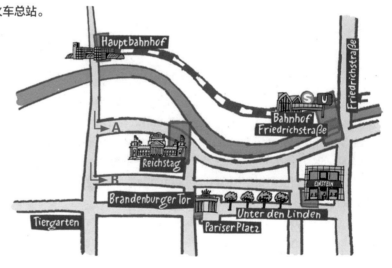

5 Sprechen üben: Informationen wiederholen

a Hör zu und wiederhole die wichtigen Informationen.
听录音，重复重要信息。

- Dann geht ihr über den Fluss.
- Über den Fluss …
- Dann an der nächsten Kreuzung rechts.
- … an der nächsten Kreuzung rechts.
- Dann sofort wieder links.
- …

Wenn man die wichtigsten Informationen wiederholt, kann man sie besser behalten.

… wiederholen – besser behalten

b Macht Wegbeschreibungen mit dem Plan und übt das Wiederholen.
借助地图描述道路，练习重复。

6 Wegbeschreibung: U-Bahn, Bus …

a Ihr seid in der Friedrichstraße. Lest und ergänzt die Wegbeschreibung.
现在你们在 Friedrichstraße。读下列对话，补充道路描述。

Sophie-Charlotte-Platz – 20 Minuten – Ruhleben – Alt-Mariendorf – U2

● Entschuldigung, können Sie uns sagen, wie wir zum Schloss Charlottenburg kommen?

■ Das ist ziemlich weit, da müsst ihr die U-Bahn nehmen. Da drüben ist eine Station, nehmt die U6 Richtung **1**, fahrt zwei Stationen, dann steigt um in die **2** Richtung **3**, dann sind es 12 oder 13 Stationen. Ihr braucht ungefähr **4**, die Station heißt **5**.

● Danke.

Schloss Charlottenburg

b Hört zur Kontrolle.
听录音并更正错误。

7 Können Sie uns bitte helfen?

a Schreibt und spielt Dialoge.
Benutzt den Plan von S. 36
und den U-Bahn-Plan.
借助第 36 页上的地图和地铁示意图
写并表演对话。

Ihr wollt vom …

1. Reichstag zum Café Einstein.
2. Brandenburger Tor zur Friedrichstraße.
3. Hauptbahnhof zum Olympia-Stadion.
4. Bahnhof Friedrichstraße nach Pankow.
5. Potsdamer Platz nach Potsdam.
6. Pariser Platz zur Friedrichstraße.

Denk nach

Orte/Plätze/Straßen in der Stadt

zum	Café Einstein / Bahnhof / Pariser Platz …
zur	Disco 36 / Kantstraße …
ins	Café Einstein / Kino/Restaurant/Museum
in die	Disco/Schule
in den	Zoo/Park/Club

Länder/Regionen/Städte/Stadtteile

nach	Deutschland/Brandenburg/Berlin/Kreuzberg

Entschuldigung,
 wir suchen …
 können Sie uns sagen, wo … ist?
 können Sie mir sagen, wie ich zu … komme?
 Können Sie mir bitte sagen, wo ich eine
 Fahrkarte kaufen kann?

Geht hier links/rechts/geradeaus …
An der zweiten/dritten Kreuzung …
An der nächsten Ampel …
Da vorne gleich um die Ecke, dann links.
Nimm/Nehmt die … / den … in Richtung …
Tut mir leid, ich bin auch fremd hier.

b Phonetik: Vokal am Anfang – Hör zu und sprich nach. 听录音并跟读。

Das | ist weit.
Dann sind | es | acht Stationen.
Wir wollen mit der | U-Bahn fahren.
Geradeaus | oder | an der | Ampel links?

Konsonant und Vokal bleiben getrennt:
Das s und das d spricht man hart/stimmlos.
Das r hört man nicht. Man spricht das *r* als
schwaches *a*.

8 Wir steh'n auf Berlin!

a Lesestrategie: einen Text überfliegen – Wie viele Berliner Attraktionen findest du schnell?
你可快速找到多少柏林景点？

Überflieg den Text 60 Sekunden. Schließ das Buch und mach Notizen.

Sammelt dann in der Klasse. 略读短文60秒钟。合上书并作笔记，然后在课堂上收集一下。

Anne-Frank-Schule   **Klassenfahrten**

Berlinfahrt der 8b

Der erste Tag. Es war seit fast einem Jahr klar, dass wir unsere Klassenfahrt nach Berlin machen, aber wir waren alle aufgeregt, als es dann endlich so weit war. Morgens um 7 sind wir in den Bus gestiegen. 29 Schüler und Schülerinnen und zwei Begleiter, Herr
5 Dolm und Frau Kanter.
29? – Nein, um 7 Uhr waren wir 28. Tobi ist dann um Viertel nach 7 gekommen. Er hat die Straßenbahn verpasst. Ach, Tobi!
Nach sechs Stunden Busfahrt waren wir in unserem Hostel am Alexanderplatz. Wir haben Koffer und Taschen in die Zimmer ge-
10 bracht und sind gleich zum ersten Termin im Bundestag gefahren. Dort hat unsere Abgeordnete eine Führung organisiert. Der Vortrag war ein wenig langweilig (☹ ☺), aber das Reichstagsgebäude mit der riesigen Kuppel ist gigantisch. Danach sind wir zum Brandenburger Tor und zum Holocaust-Denkmal gelaufen. Abends
15 waren wir rund um den Alexanderplatz unterwegs. Shoppen im Kaufhaus Alexa, Besichtigung der Weltzeituhr. Einige sind auf den Fernsehturm gefahren. Um 20 Uhr mussten wir im Hostel sein. Tobi war um 21 Uhr 30 da.
Er hat sich verlaufen, sagt er. Ach Tobi!!

20 **Am zweiten Tag** haben wir zuerst eine Stadtrundfahrt mit dem Fahrrad gemacht (Tiergarten, Siegessäule, Schloss Bellevue). Dann waren wir bei Madame Tussauds und abends waren einige bei der „Blue-Man-Group", das ist eine super Show mit viel Musik und Action. Eine andere Gruppe ist mit Herrn Dolm nach Kreuz-
25 berg gefahren. Im Improvisationstheater „Die Gorillas" haben die Schauspieler das Theaterstück nach Stichworten aus dem Publikum spontan entwickelt. Das war total lustig. In Kreuzberg haben wir ein anderes Berlin gesehen, viele Graffitis, viele Obdachlose und eine ganz bunte Mischung von Menschen.

30 **Am dritten Tag** waren „Sealife", „AquaDom" und die Museumsinsel auf dem Programm. Auf der Museumsinsel haben wir uns in Gruppen aufgeteilt. Treffpunkt danach war um 17 Uhr vor dem Haupteingang. Ratet mal, wer nicht da war? Nein, nicht Tobi, Gela und Franzi! Sie mögen keine Museen und waren lieber im Kauf-
35 haus des Westens. Supertoll, sagen sie. Auf dem Rückweg haben sie die falsche U-Bahn genommen und sind direkt ins Hostel. Frau Kanter war nicht glücklich ☹ ☹.

Am letzten Tag haben wir die Mauerreste bei der „East-Side-Gallery" gesehen. Heute sieht die Mauer bunt und freundlich aus,
40 aber hier sind viele Menschen gestorben. Gegen Mittag haben wir unsere Sachen gepackt und sind um 15 Uhr in den Bus gestiegen. Wer hat gefehlt? Niemand. Frau Kanter und Herr Dolm konnten es kaum glauben und waren sehr glücklich ☺.
Es war eine tolle Reise. Alle wollen bald wieder nach Berlin. Es
45 gibt noch so viel zu sehen, z. B. hatten wir keine Zeit für das Olympia-Stadion. Vielen Dank, Herr Dolm und Frau Kanter, dass Sie diese Reise mit uns zusammen gemacht haben!

Reichstag

Holocaust-Denkmal

Siegessäule

Kaufhaus Alexa

Blue-Man-Group

Die Gorillas

b Welche grünen Wörter im Text auf Seite 38 passen zu den Erklärungen 1–5?
第 38 页的短文中，哪些绿色的单词与解释 1–5 匹配？

1. sehr viele verschiedene Menschen
2. Sie zeigt, wie viel Uhr es überall in der Welt ist.
3. eine Politikerin, sie sitzt im Parlament
4. Hier sollen alle wieder zusammenkommen.
5. Er hat den Weg nach Hause nicht gefunden.

c Das stimmt alles nicht. Vergleiche mit dem Text und korrigiere die Aussagen.
所有这些都不对。将其与短文作比较并更正陈述。

1. Die Klassenfahrt hat drei Tage gedauert.
2. Alle waren pünktlich.
3. Das Improvisationstheater war langweilig.
4. Gela und Franzi mögen Museen.
5. Kreuzberg ist der Name von einem Theater.
6. Das Kaufhaus Alexa ist beim Reichstagsgebäude.
7. Am letzten Tag waren alle im „Sealife".
8. Am Abfahrtstag hat Tobi wieder gefehlt.

d Schreibt je zwei weitere Aussagen zum Text. Eine ist richtig und eine falsch. Lest vor. Die anderen korrigieren. 写两个关于短文的陈述，其中一个是对的，另一个是错的。朗读句子，让其他人来纠正错误。

e Schreib einen Text (50–100 Wörter) über einen Besuch in einer Stadt in deinem Land.
写一篇有关访问中国某个城市的短文（50–100 字）。

9 Im Kartenshop

a Ort? Zeit? Preis? Formuliere höfliche (indirekte) Fragen. 地点？时间？价格？客气地提问。

Fußball-Highlight	Improtheater: „Die Gorillas"	Internationale Funkausstellung	Show „Blue-Man-Group"
Hertha BSC – BVB Dortmund	Karten: 12 €	(5.–10.9.)	Karten: 80–100 €
2. September	Ort: Ratibortheater	Eintritt: 17 €	Ort: BLUEMAX Theater am
Karten: 20–50 €	Zeit: 20.30	Ort: Messe Berlin	Potsdamer Platz
S-Bahn: Olympia-Stadion	Nächste Vorstellungen:	S-Bahn: Messe Nord	Nächste Vorstellungen:
	3.9. / 5.9. / 7.9. / 9.9.	Öffnungszeiten: 10–18 Uhr	4.9.–9.9.

Entschuldigung, können Sie mir sagen, wie viel …

b Fragt und antwortet. Der S/U-Bahn-Plan von Seite 37 hilft.
借助第 37 页上城郊铁路和地铁示意图进行回答。

c Hört den Dialog. Spielt das Gespräch an der Kasse. 听对话，表演在收银台的对话。

● Guten Tag.

■ Guten Tag, ich hätte gern drei Karten für die „Blue-Man-Group".

● Ich habe noch Karten für 80 € und für 90 €.

■ Gibt es eine Ermäßigung für Schüler?

● Nein, tut mir leid.

■ Schade. Dann nehmen wir die drei für 80 €.

● Bitte schön, das macht zusammen 240 €.

■ Danke schön. Und können Sie mir noch sagen, wo das Theater des Westens ist?

● U2 oder U9, Haltestelle „Zoologischer Garten".

■ Danke schön.

● Gerne.

> **Höfliche Bitten**
> Ich **hätte gern** drei Karten für „Die Gorillas". =
> Ich **möchte bitte** drei Karten für „Die Gorillas" **haben**.

d Spielt weitere Gespräche mit Informationen aus eurer Stadt. 用你们城市的信息表演对话。

– Konzert „ …" / Museum / Sehenswürdigkeit
– Wann?: Tag/Uhrzeit
– Kosten: €€€€
– Adresse: ???
– Wegbeschreibung: Bus/U-Bahn/Straßenbahn

Über eine Großstadt sprechen

Welche Festivals gibt es in Berlin?
Berlin ist eine interessante Stadt.
Ab 1961 war Berlin geteilt.
In der deutschen Hauptstadt gibt es viele Sehenswürdigkeiten.

Nach dem Weg fragen / einen Weg beschreiben

● Entschuldigung, wie komme ich zum Brandenburger Tor?

● Entschuldigung, können Sie mir helfen? Ich möchte zum Schloss Charlottenburg.

● Können Sie mir sagen, wo der Zoo ist?

■ Gehen Sie über die Brücke, an der nächsten Ampel links und dann immer geradeaus …

■ Das ist weit. Da müssen Sie mit der U-Bahn fahren. Da drüben ist eine U-Bahn-Station. Nehmen Sie die U3 Richtung …

■ U2 oder U9, Haltestelle „Zoologischer Garten".

Um Hilfe bitten / höflich nach Informationen fragen

Entschuldigung, können Sie mir (bitte) helfen?
Entschuldigung, können Sie mir sagen, wo die nächste U-Bahn-Station ist?

Eintrittskarten kaufen

Ich hätte gern zwei Karten für Hertha gegen Dortmund.
Wir hätten gern Karten für „Die Gorillas". Können Sie mir sagen, was die kosten?
Gibt es eine Ermäßigung für Schüler?

Außerdem kannst du …

… einen Informationstext über Berlin verstehen.
… einen Bericht von einer Klassenfahrt verstehen.

Grammatik   kurz und bündig

Lokale Präpositionen (Überblick) 地点介词（概览）
Orte/Plätze/Straßen in der Stadt

→○	Wir gehen	zum	Café Einstein / Bahnhof / Pariser Platz …
		zur	Disco 36 / Kantstraße …
→⊙	Wir gehen	ins	Café Einstein / Kino/Restaurant/Museum.
		in die	Disco/Schule.
		in den	Zoo/Park.

> *Mein Tipp:*
> *Präpositionen immer im Kontext lernen.*
> *Ich fliege über das Haus.*

Länder/Regionen/Städte/Stadtteile

	Wir fahren	nach	Deutschland/Brandenburg/ Berlin/Kreuzberg.
⇔	Sie gehen	durch	den Park / die Stadt.
	Zwei Flüsse fließen	durch	Berlin.
	Sie gehen	über	den Platz / die Brücke / die Straße.

Höfliche Bitten 礼貌的请求
Ich hätte gern Karten für „Die Gorillas". = Ich möchte bitte Karten für „Die Gorillas" haben.

Welt und Umwelt

Das lernst du

– Sagen, wo man gerne leben möchte
– Das Wetter beschreiben
– Über Konsequenzen sprechen
– Tipps zum Umweltschutz formulieren
– Über Umweltfragen diskutieren

A — Pinguine in der Antarktis

B — der Urwald

C — das Meer

D — eine Oase in der Wüste

E — eine Großstadt

F — ein Dorf in den Bergen

Hört zu. Zu welchen Fotos passen die Geräusche? Wo kann das sein?
听录音。杂音匹配哪些照片？那可能在哪里？

Sammelt in Gruppen zu je einem Bild Wörter und Sätze. Beschreibt das Bild.
分组收集每幅图的单词和句子。描述图片。

viele Tiere — Fluss — Amazonas
gefährlich — Urwald
heiß und feucht

Das Bild zeigt ein kleines Dorf. Es liegt …
Im Vordergrund … und im Hintergrund …
Es ist vielleicht … Dort ist es im Sommer …

1 Wo und wie möchtet ihr später mal leben?

a Hör zu. Wo möchten Samira und Oskar gerne mal leben?
听录音。Samira 和 Oskar 想在哪里生活？

b Hör noch einmal. Warum wollen sie an bestimmten Orten leben?
Ergänze die Sätze. 再听一遍。为什么他们想在某个地方生活？补充句子。

1. Samira möchte mal in einer … leben, weil …
2. Sie möchte nicht gerne im … leben, weil …
3. Sie findet auch das Leben in einer …
   interessant, weil …
4. Oskar möchte ein paar Jahre nach …
   Er möchte im … leben, weil ….
5. Er möchte nicht in einer … leben, weil …
6. Er meint, dass das Leben in der … vielleicht
   auch spannend ist, weil …

c Vorteile und Nachteile –
Sammelt an der Tafel.
将在不同地方生活的利弊
集中写在黑板上。

	Vorteile	Nachteile
in der Stadt	Clubs/Discos	laut
auf dem Land		
am Meer		
in den Bergen		
in der Wüste		
im Urwald		

d Hört den Modelldialog und sprecht eigene Dialoge in der Klasse. 听对话并在课堂上自己进行对话。

2 Das Wetter und die Jahreszeiten

a Schreibt und sprecht Sätze zu den Bildern. 看图片写和说句子。

die Wolke, bewölkt

die Hitze, heiß,
die Sonne, sonnig,
trocken

der Regen,
regnerisch,
nass, kühl

der Wind, windig,
der Sturm,
stürmisch

der Schnee,
die Kälte, kalt

> *Das Wetter ist nicht gut. Es ist bewölkt. Es gibt viele Wolken. Es ist kühl.*

b Sprechen üben. Hört zu und sprecht nach.
听录音并跟读。

1. So ein Mistwetter!
2. Eine Affenhitze heute!
3. Was für ein furchtbares Wetter!
4. Herrliches Wetter heute!
5. Es ist saukalt!
6. Das Wetter geht so heute.

c Wie kann man 1–6 anders sagen?
句子 1–6 还有什么其他说法？

> *Zum Beispiel: Das Wetter ist sehr schlecht heute!*

d Schau auf die Wetterkarte. Welche Äußerung passt zu welcher Stadt?
看天气图。哪个陈述适合哪个城市？

Wetter und Temperaturen am Freitag, den 1. Januar, 11 Uhr UTC	
Moskau	sonnig, –23 °C
Athen	sonnig, 14 °C
Kairo	bewölkt, 15 °C
Berlin	sehr windig, 2 °C
Rio de Janeiro	starker Regen, 30 °C
Sydney	sonnig, 38 °C
Bern	bewölkt, 1 °C
Tokio	bewölkt, 3 °C
Wien	leichter Regen, 2 °C
Washington, DC	Schnee, –2 °C
Peking	sonnig, –5 °C

> *„So ein Mistwetter!" passt zu Rio. In Rio ist es Sommer. Es ist warm, aber es regnet stark.*

> *„So ein Mistwetter!" passt aber auch zu …, weil …*

3 Wie ist das Wetter?

a Hör zu. Zu welchen Abbildungen passen die Wetterberichte? 听录音。天气预报适合哪些图片？

A Sonntag, 23. Juli		**B** Freitag, 22. Dezember		**C** Mittwoch, 15. Mai	
Heute	Morgen	Heute	Morgen	Heute	Morgen
☀ 27 C	20 C	2 C	–2 C	15 C	18 C

b Und bei euch? Wie ist das Wetter heute? Wie war es: gestern, am Wochenende, vor einer Woche, an Neujahr, in den Sommerferien, an deinem Geburtstag …?
今天中国的天气如何？昨天、周末、一周之前、元旦、暑假以及你生日时天气如何？

> *Gestern hat es geregnet.*

> *Das Wetter am 1. Januar? Oh, das weiß ich leider nicht mehr.*

c Was machst du, wenn …? Schreib Sätze. Sprecht in der Klasse.
如果……，你会做什么？写句子并在课堂上说一说。

Wenn es regnet, …
Wenn es schneit, …
Wenn es heiß ist, …
Wenn es kalt ist, …
Wenn die Sonne scheint, …

> *Was machst du, wenn es regnet?*

> *Wenn es regnet, ziehe ich eine Jacke an.*

4 Wetterchaos

a Zu welchen Zeitungsüberschriften passen die Fotos?
这些照片与哪个报纸标题相匹配？

1 Orkan Freddy rast mit 200 km/h über Europa!

2 Ab ca. 2080 kein Schnee mehr in Europa?

3 Feuersturm in Kalifornien! 2400 Hektar Wald weg!

4 Regenchaos und Überschwemmungen! Alles unter Wasser!

5 Ohne Eis keine Eisbären! Arktis bald eisfrei!

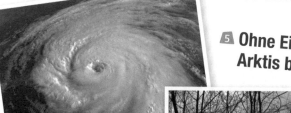

b Radio Total – Hör Teil 1 von der Radiosendung.
Zu welchem Foto passt die Nachricht?
听广播的第一部分。该消息与哪张照片匹配？

c Hör nun das Interview. Welche Fotos passen? Warum? 现在听采访。哪些照片合适？为什么？

d Hör noch einmal. Welche Aussagen sind richtig? Korrigiere die falschen Aussagen.
再听一遍。哪些陈述正确？更正错误的陈述。

1. Der Sturm Freddy war der erste Orkan in diesem Jahr in Europa.
2. In den Alpen gibt es immer weniger Eis und Schnee.
3. Man kann bald nur noch in Regionen über 1500 Metern Ski fahren.
4. In 20 oder 30 Jahren kann man aber überall wieder normal Ski fahren.
5. Für die Alpenregion ist das sehr gut, denn es kommen mehr Urlauber im Sommer.
6. Ein noch größeres Problem ist der sehr starke Regen.
7. Es regnet mehr und stärker, weil in kalter Luft mehr Wasser ist.
8. Man kann gegen diese Probleme nichts tun.

e Etwas gegen den Klimawandel tun?
Lies die Aussage von Professor Fischmann.
Was müssen wir weniger tun, was müssen
wir mehr tun? Formuliere eigene Beispiele.
读一下 Fischmann 教授的陈述。我们必须少做些什么，
多做些什么？写一写自己的例句。

> „Wir müssen schneller
> umweltfreundliche Energien verwenden.
> Wir müssen anders leben: weniger Auto fahren,
> weniger mit dem Flugzeug fliegen, weniger
> elektrische Geräte benutzen, mehr
> zu Fuß gehen usw."

5 Phonetik: *ch* und *c*

a Hör zu und notiere: Wo spricht man „k", „tsch", „sch", „ts"?
听录音并记下来，在哪里发音为 "k"、"tsch"、"sch"、"ts"？

Chaos – Chat – Chef – circa (ca.) – Computer – CD

b Hör noch einmal und sprich nach. 再听一遍并跟读。

6 Der 10-Minuten-Chat

a Wer gibt welchen Tipp? Lies den Chat aus der Schülerzeitung „Tempo". Ordne die Fotos A–D den
Namen zu. 谁给出什么建议？阅读学生报 "Tempo" 中的聊天内容。将照片 A–D 与名字匹配。

Tempo-Chat	⁺Kommentar	Suchen	⇨ Startseite

Tempo **18:00** In der nächsten „Tempo" hat unser „10-Minuten-Chat" das Thema „Ich will was für
die Umwelt tun". Habt ihr Ideen außer Mülltrennung? Ihr habt ab jetzt 10 Minuten Zeit.
Nicht vergessen: Ihr müsst eure Namen angeben!

Phil, 15 **18:01** Wir können die Welt sowieso nicht retten. Habt lieber Spaß und macht euch nicht
so viele Sorgen.

Dennis, 17 **18:02** GRRR, Phil!!! Man kann etwas tun und Spaß haben. Ich bin bei einer Umwelt-
organisation. Macht echt Spaß!

Vani, 16 **18:03** Man kann etwas tun und Geld sparen! Z. B.: Energiesparlampen kosten mehr als
normale Lampen, aber sie halten länger und verbrauchen 80% weniger Energie! Mit so
einer Lampe sparst du im Jahr bis zu 9 Euro.

Dennis, 17 **18:04** Alt, aber wichtig: Licht ausmachen. Ich bade nicht mehr, sondern ich dusche.
Ersparnis: 70 Prozent weniger Wasser und Strom oder Gas. Elektrogeräte ausschalten.
Die Stand-by-Funktion ist ein Stromfresser!

Phil, 15 **18:06** Ah, komm! Wie viel Strom kann ein kleines, rotes Lämpchen denn verbrauchen?
Und Wasser haben wir mehr als genug.

Nadine, 15 **18:07** Der Fernseher auf Stand-by kostet 30 Euro im Jahr! Und du hast auch noch einen
Computer, eine Spielkonsole, Ladegeräte usw.

Patrick, 16 **18:08** Tipp zum Wassersparen: beim Zähneputzen Wasser aus! In einer Minute laufen fünf
Liter weg: drei Minuten Zähneputzen = 15 Liter.

XYX **18:08** *– Von der Redaktion gelöscht – sachlich bleiben!*

Natalie, 15 **18:09** Ich bin Mitglied bei einem Verein für Umwelt- und Naturschutz. Wir machen viele
Aktionen zum Thema Umweltschutz und Energiesparen in unserer Region. Ich finde die
Leute da echt cool.

Phil, 15 **18:09** Stofftaschen statt Plastiktüten!
UND: Chillen spart viel Energie ☺ !

Tempo **18:10** So, das war es wieder. Danke, Leute!

b Lies den Chat noch mal und beantworte die Fragen für dich. Fragt euch dann in Gruppen.
再读一遍聊天内容，并回答问题。然后分组进行提问。

1. Warum sind Energiesparlampen gut?

2. Was macht Dennis, wenn er aus dem Zimmer geht?

3. Was meint Phil zum Energiesparen?

4. Wie viel Wasser kann man beim Zähneputzen pro Tag sparen, wenn man 3x die Zähne putzt?

5. Hat Phil keinen Vorschlag zum Umweltschutz?

c Und eure Tipps? Macht einen Klassen-Chat. 还有你们的建议呢？进行课堂聊天。

Wenn man nicht badet, sondern duscht, spart man viel Wasser.
Wenn man nicht duscht, spart man noch mehr Wasser ☺.
Wir haben doch bei uns mehr als genug Wasser. Stromsparen ist wichtiger.

7 Sprechen üben: lange Wörter

a Hör die langen Wörter und ergänze Smartas Tipp.
听长长的单词，补充 MeinTipp。

Mein Tipp:
Bei langen Wörtern ist fast immer das ... Wort betont.

das Recycling	das Papier	das Recyclingpapier
die Umwelt	der Schutz	der Umweltschutz
der Umweltschutz	die Organisation	die Umweltschutzorganisation
die Zähne	das Putzen	das Zähneputzen
die Energie	das Sparen	das Energiesparen

b Hör noch einmal und sprich nach. 再听一遍并跟读。

8 Wortbildung: Verben und Nomen

a Aus fast allen Verben kann man Nomen machen.
Ergänze das *Denk nach*.
几乎所有的动词都可以构成名词。补充 Denk nach。

b Welche Verben findest du in diesen Nomen?
在这些名词中可找到哪些动词？
das Wörterlernen – das Wäschewaschen –
das Geldsparen – das Wassertrinken –
das Abendessen

Denk nach

putzen	das Putzen	das Zähneputzen
essen	das Essen	das Mittagessen
sparen	...	...
fahren	...	...

Verben zu Nomen ist einfach:
Artikel immer ... und Verb im I...

9 Konsequenzen?

a Schreib die Antwort auf folgende
Fragen wie im Beispiel.
参照示例，写出以下问题的答案。

Was passiert, wenn ...

1. wir weiter so viel Auto fahren?
2. es immer wärmer wird?
3. das Eis schmilzt?
4. wir weiter zu viel Wasser verbrauchen?

weniger Trinkwasser   kein Erdöl   mehr Krankheiten
mehr Stürme   mehr Trockenheit   größere Wüsten
mehr Luftverschmutzung   mehr Überschwemmungen

Wenn wir weiter so viel Auto fahren,
dann haben wir ...

b Sprecht in der Klasse. A beginnt einen Satz
und B beendet ihn mit *deshalb*.
课堂练习：A 开始一个句子，B 用 deshalb 结束
这句话。

1. Strom kostet viel Geld, ...
2. Wir müssen viel Geld für Heizung
   bezahlen, ...
3. Plastiktüten verschmutzen die Umwelt, ...
4. Fahrradfahren ist gesund, ...
5. Die Straßenbahn ist billiger als das Auto, ...
6. ...

heizen   weniger   mehr   Licht   ausmachen   viel
Obst essen   wenig   anmachen
benutzen   elektrische Geräte   sparen   Stofftaschen
kaufen   Auto fahren   verbrauchen
Strom   Straßenbahn

deshalb
sollte man Strom
sparen.

Strom kostet viel Geld,

deshalb sollten
wir alle ...

ich	sollte
du	solltest
er/es/sie/man	sollte
wir	sollten
ihr	solltet
sie/Sie	sollten

10 Alle wollen etwas, aber keiner tut etwas.

a Lies den Leserbrief an „Tempo". Stimmst du Karla zu oder nicht? Warum?
阅读写给 "Tempo" 的信。你是同意 Karla 的观点还是不同意？为什么？

Unsere Leser und Leserinnen diskutieren

· Thema: 10-Minuten-Chat

Liebe Redaktion!

Danke für eure Artikel zum Umweltschutz in der letzten Ausgabe. Die
Äußerungen meiner Mitschülerinnen
und Mitschüler waren sehr interessant.
Sind wir wirklich alle so tolle Umweltschützer? Mein Eindruck ist: Beim
Reden schon, aber die Praxis ist anders.
Alle sprechen über das Klima, aber
keiner will Energie sparen. Wir wissen,
dass jeder etwas tun muss, aber fast
niemand tut wirklich etwas. Die Han-

dys laufen weiter, die Mülleimer sind
voll mit Verpackungsmüll. Und dann
die Pessimisten: „Man kann ja sowieso
nichts machen." Wenn ich das schon
höre! Wenn man immer alles negativ
sieht, erreicht man
nie etwas. Jeder
kann etwas
machen. Man muss
nur anfangen.

Karla

Denk nach

jeder/alle	…/niemand
jemand	keiner/…
etwas	…
immer	…

b Lies den Brief noch einmal und ergänze das *Denk nach*.
再次阅读 Karla 的信，补充 Denk nach。

c Drei-Satz-Aussagen – Hör das Modell. Wähl einen Anfang 1–6 und schreib eine Aussage.
Tragt eure Aussagen vor. Dann sagen die anderen ihre Meinung.
听录音，选择 1–6 的开头写陈述。朗读你们的陈述，再由其他人发表意见。

1. Man kann eigentlich nichts tun, weil …
2. Alle wollen Energie sparen, aber …
3. Vielleicht kann man nur wenig tun, aber …
4. Keiner will wirklich etwas tun, deshalb …
5. Wenn man immer nur pessimistisch ist, …
6. Jeder kann etwas tun, weil …

Das stimmt doch nicht, dass niemand …
Ich glaube nicht, dass …
Ich bin nicht deiner Meinung, weil …
Ich bin mir sicher, dass …
Du hast schon Recht, aber …

Projekte

Energiesparen und Umweltschutz in der Schule oder zu Hause. 在学校或在家里节约能源和保护环境。

a Wählt „Schule" oder „zu Hause" und sammelt Ideen.
选择学校或在家里，收集想法。

b Arbeitet in Gruppen und macht ein Plakat oder eine
Präsentation. 分组练习，制作海报或进行演讲。

i Viele Schulen in Deutschland machen Umweltprojekte, sie
machen z. B. einen ökologischen Schulgarten, sie bauen
Solaranlagen, sie verwenden Regenwasser für die Toiletten.
Manche bauen eine Fahrradwerkstatt auf oder gründen eine
Initiative für die Verwendung von umweltfreundlichem Papier
in der Schule. Andere entwickeln Lösungen für das Müllproblem
in der Schule.
Viele Städte und Bundesländer unterstützen diese Projekte und
machen Wettbewerbe. Die besten Projekte bekommen Preise.
Internet-Suchbegriff: „Schule Umweltprojekt".

Sagen, wo man gerne leben möchte

Ich möchte gerne mal in einer Wüste leben, weil ich das interessant finde.

Ich möchte nicht gerne in einer großen Stadt leben, weil es dort laut und schmutzig ist.

Das Leben im Urwald ist bestimmt spannend.

Das Wetter beschreiben

Letzte Woche war es hier heiß und trocken. Die Sonne hat geschienen. Ein herrliches Wetter!

An Neujahr war ein Mistwetter. Es war kühl und hat geregnet. Was für ein furchtbares Wetter!

Über Konsequenzen sprechen

Wenn wir zu viel Wasser verbrauchen, gibt es bald nicht mehr genug Trinkwasser.

Deshalb müssen wir Wasser sparen.

Wenn wir weiter so viel Auto fahren, gibt es bald kein Erdöl mehr.

Tipps zum Umweltschutz formulieren / Ratschläge geben

Wenn man nicht badet, sondern duscht, spart man viel Wasser.

Fahrradfahren ist gesund und gut für die Umwelt. Deshalb sollten wir weniger mit dem Auto fahren.

Über Umweltfragen diskutieren

Das stimmt doch nicht, dass niemand etwas tut.   Ich bin mir sicher, dass man mehr tun muss.

Ich bin nicht deiner Meinung, weil …   Du hast schon Recht, aber das ist nicht so einfach.

Außerdem kannst du …

… Wetterberichte verstehen.

… Forumstexte / einen Leserbrief zum Umweltschutz verstehen.

Grammatik   kurz und bündig

Negationswörter 否定词: *keiner, niemand, nichts, nie*

jeder/alle – niemand/keiner	Keiner tut etwas für die Umwelt, aber alle reden über die Umwelt.
jemand – niemand/keiner	Kann mir jemand helfen? Ist denn niemand da?
etwas – nichts	Hast du etwas getan? Ich habe nichts getan.
immer – nie	Wenn man immer alles negativ sieht, erreicht man nie etwas.

Ratschläge geben mit *sollte*
用 sollte 给出建议

ich	sollte
du	solltest
er/es/sie/man	sollte
wir	sollten
ihr	solltet
sie/Sie	sollten

Du solltest Energie sparen.

Ich finde Energiesparen sehr wichtig, aber Internetsurfen ist mein Lieblingshobby.

Wortbildung 构词法: Verben – Nomen – Komposita

Wenn ein Verb im Infinitiv zum Nomen wird, ist der Artikel immer neutrum: *das*.

sparen – das Sparen – das Energiesparen, das Wassersparen …

surfen – das Surfen – das Internetsurfen, das Windsurfen …

Reisen am Rhein

Das lernst du

– Vorlieben und Abneigungen nennen
– Zustimmen und ablehnen
– Eine Reise planen
– Fahrkarten kaufen

Duisburg
Essen
Düsseldorf
Köln
Bonn
Rhein
Koblenz
Wiesbaden
Frankfurt a.M.
Bingen Mainz
Mannheim
Ludwigshafen
Rhein
Baden-Baden
Straßburg
Freiburg
Konstanz
Schaffhausen
Basel *Rhein* *Bodensee*

A B C D E

Hört die Geräusche und Aussagen. Ordnet sie den Fotos zu.
听杂音和陈述并将其与照片匹配。

Wählt ein Foto und beschreibt es. Die anderen raten die Stadt.
选一张照片进行描述。其他人猜城市。

Auf meinem Foto sieht man keine Menschen. Der Fotograf …

1 Der Rhein

a Schau dir die Karte auf Seite 49 an Lies die Texte 1–6 Zu welchen Orten passen sie?
仔细看第 49 页上的地图。阅读短文 1–6。短文与哪个地方匹配？

1 Der Rhein kommt aus den Alpen und fließt durch den Bodensee. Bald nach dem Bodensee gibt es einen großen Wasserfall. Er heißt der „Rheinfall von …". Ab Basel fließt der Rhein nach Norden zur Nordsee. Er ist ein sehr wichtiger Fluss für Europas Wirtschaft.

2 Das ist die drittgrößte Schweizer Stadt (nach Zürich und Genf). Es ist eine große Industriestadt, aber es gibt auch viele interessante Museen. Z. B. das Museum Tinguely. Dort kann man verrückte Maschinen-Kunstwerke sehen. Berühmt ist auch die Fasnacht (so heißt hier der Karneval/Fasching).

3 In Deutschlands Ökostadt Nr. 1 gibt es viele Solaranlagen auf den Dächern und 500 km Fahrradwege. Man kann hier ohne Auto leben. Die Fußgängerzone um das Münster (die Kirche) war eine der ersten in Deutschland. Nicht weit von hier ist ein großer Vergnügungspark, der „Europa-Park" in Rust.

4 Diese Stadt hat viel Industrie und einen wichtigen Flusshafen. Sie liegt fast genau zwischen Basel und Köln. Berühmt ist auch die Popakademie, eine Schule für Musiker und Musikproduzenten.

5 Jedes Jahr kommen viele Tausend Touristen an den Rhein zwischen Koblenz und Bingen. Sie besichtigen die alten Burgen und fahren mit dem Schiff auf dem Rhein. Dann hören sie die Geschichte von der Loreley. Die schöne Frau auf dem Felsen hat durch ihr Singen die Schiffer so verrückt gemacht, dass sie mit ihren Schiffen gegen den Felsen gefahren sind.

6 Die Römer haben diese Stadt gegründet. Sie ist eine von den Karnevalsmetropolen am Rhein. Ihr Wahrzeichen ist eine große Kirche, der Dom. 1248 hat man den Bau begonnen und erst 1880 war er fertig. Heute ist die Stadt auch eine Medienstadt. Viele Fernsehsender haben hier Studios. Manche Studios kann man auch besuchen.

b Zu welchen grünen Wörtern im Text passen die Erklärungen?
这些解释适合短文中的哪些绿色单词？

1 Eine Stadt mit vielen Fabriken.

2. In diesen Straßen darf man nicht Auto fahren. Die Leute können in Ruhe spazieren gehen.

3. Ein Ort am Fluss. Hier halten die Schiffe.

4. Hier gibt es weniger Autos und mehr Fahrräder. Man benutzt die Energie von der Sonne.

5. Ein sehr, sehr großer Stein.

6. Eine große Kirche.

c Schreib eine Frage zum Text.
Lies sie vor. Wer weiß die Antwort?
对短文写个问题。朗读问题。谁知道答案？

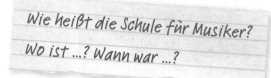

Wie heißt die Schule für Musiker?

Wo ist …? Wann war …?

d Welchen Ort möchtest du am
liebsten besuchen? Warum?
你最想去哪个地方？为什么？

2 Präpositionen

Lies die Sätze mit der richtigen Präposition vor. 朗读带有正确介词的句子。

gegen + Akk
Smarti ist **gegen** den Felsen gefahren.

durch + Akk
Smarti schwimmt **durch** den Rhein.

1. Der Rhein kommt *in/aus/nach* den Alpen.

2. Der Rhein fließt *gegen/zwischen/durch* den Bodensee.

3. Der Rhein fließt *von/auf/in* Süden *auf/aus/nach* Norden.

4. Der Rhein fließt *gegen/durch/zwischen* sechs Länder: die Schweiz, Liechtenstein, Österreich, Deutschland, Frankreich und die Niederlande.

5. Mannheim liegt *auf/in/neben* der Mitte *von/zwischen/bei* Basel und Köln.

6. *In/Auf/Von* dem Rhein fahren viele Schiffe bis Basel.

7. Köln liegt *in/neben/auf* der linken Seite vom Rhein.

8. Der Rhein fließt *vor/unter/in* den Niederlanden *gegen/in/auf* die Nordsee.

Projekte

A Elbe, Donau, Mosel, Main … – Recherchiert Informationen zu einem Fluss und macht eine
Präsentation: Geografie, Geschichte, Wirtschaft, Tourismus, Sport …
易北河、多瑙河、摩泽尔河、美茵河—研究有关河流的信息并进行演示：地理，历史，经济，旅游业，体育……

Der Main bei Miltenberg

Schloss an der Donau

Die Elbe in Sachsen

Die Mosel bei Cochem

B Wählt eine Sehenswürdigkeit bei euch aus und macht dafür ein Werbeplakat oder eine
Werbepräsentation für deutschsprachige Touristen.
选择在中国的一个景点，并为德语国家的游客制作广告海报或演示文稿。

3 Reisepläne

a Elias und Tim haben Reisepläne. Hör das Gespräch. Welche Fotos passen zur Reise?
Elias 和 Tim 有旅行计划。听对话。哪些照片与他们的旅行相匹配？

A Bodenseerundweg

C Zürich

D Europa-Park Rust

b Hör noch einmal. Was ist richtig? Was ist falsch?
再听一遍，判断正误。

1. Elias verreist mit den Eltern.
2. Tim ist in den Ferien gern bei den Großeltern.
3. Elias mag Museen.
4. Tim möchte gerne am Bodensee wandern.
5. Tim und Elias haben sich schon genau informiert.
6. Elias möchte unbedingt in den Europa-Park.
7. Das Zwei-Tage-Ticket für den Europa-Park ist billig.
8. Sie müssen ihre Eltern und Großeltern fragen.

B Rhein bei Koblenz

c Ergänze die Lücken 1–8 im Dialog. 填补对话中的空白。

> am liebsten – bestimmt – dagegen – eine tolle Idee – lieber – möchte gerne – nicht so toll – O.k.

- ■ … Wir können zusammen viel machen. Ich **1** nach Basel. Ins Museum Tinguely und ins Kunstmuseum.
- ● Bitte nicht! Ich bin **2**, dauernd Museen, das ist doch furchtbar langweilig.
- ■ Wir können ja auch andere Sachen machen. Was willst du denn machen?
- ● Ich möchte unbedingt etwas Sportliches machen, **3** eine Radtour.
- ■ Kein Problem, wir können um den Bodensee fahren.
- ● Das ist **4**, Elias. Hast du das schon mal gemacht?
- ■ Nee, aber ich kann ein bisschen im Internet recherchieren.
  5, eine Radtour, ein oder zweimal nach Basel und dann …
- ● Einmal, Tim, das reicht! Und dann **6** ein paarmal in den Europa-Park.
- ■ Ein paarmal? Ich finde Freizeitparks **7**. Ich möchte lieber nach Freiburg.
- ● O.k., zweimal Europa-Park und einen Tag Freiburg und einmal Basel, die Kunstmuseen.
- ■ Der Europa-Park ist **8** sehr teuer.
  …

um + Akk

um den See fahren

4 Wiederholung: Adjektive vor dem Nomen

a Ergänze die Sätze mit Adjektiven in der richtigen Form. Die Sätze können verrückt sein.
用正确形式的形容词补充句子。这些句子可能很疯狂。

1. Ich möchte mit meiner 🔢1 Freundin eine 🔢2 Fahrt auf
   der 🔢3 Elbe machen.
2. Morgen besichtigen mein 🔢1 Vater und meine 🔢2
   Schwester den 🔢3 Fernsehturm in Berlin.
3. Ich möchte einen 🔢1 Urlaub an einem 🔢2
   See im 🔢3 Schwarzwald machen.
4. Die 🔢1 Geschichte von der 🔢2 Loreley
   findet meine 🔢3 Mutter sehr schön.
5. Der 🔢1 Popstar trägt eine 🔢2 Halskette und in der
   Nase einen 🔢3 Ring.

Ich möchte mit meiner neuen Freundin eine ruhige Fahrt auf der schönen Elbe machen.

Ich möchte mit meiner ruhigen Freundin eine langweilige Fahrt auf der warmen Elbe machen.

Ich möchte mit meiner fantastischen …

b Städterätsel – Beschreib einen Ort aus deiner Region oder einen aus prima^plus°, zu dem du
unbedingt / auf keinen Fall fahren möchtest. Benutze dabei Adjektive. Die anderen raten.
用形容词描述你所在地区或本教材中的某一个地方。而这个地方你绝对想去或不想去。让其他人猜一猜。

| Wo? | ⊙ Dort. |
| Wohin? | → Dorthin. |

Meine Stadt liegt in der Schweiz. Sie ist die zweitgrößte Stadt von der Schweiz und hat einen großen Flughafen. Der große See bei der Stadt heißt wie die Stadt. Dort wohnt meine nette Brieffreundin. Deshalb möchte ich unbedingt einmal dorthin fahren.

5 Phonetik: viele Konsonanten

🔊 Hör zu und sprich nach. Einmal langsam, einmal schnell.
听录音并跟读。一遍读慢一点，一遍读快一点。

zwischen – die Quelle – Deutschland –
das Kunstmuseum – die Industriestadt –
der drittgrößte Fluss – der Vergnügungspark –
die wichtigste Stadt

Bitte keine „e" oder „i" zwischen den Konsonanten sprechen und keine Konsonanten weglassen.

6 Dialoge üben

a Lest die Sätze und schreibt fünf Vorschläge für Ausflüge oder Reisen in eurer Region auf.
读句子，写出在你们地区旅行的五个建议。

Vorschläge machen	Auf Vorschläge reagieren
Wollen wir im Juli nach … fahren?	Was kann man da machen?
Sollen wir … machen?	Was willst du in … machen?
Wir können vielleicht …	Das ist eine tolle Idee. / Das ist super.
Ich möchte unbedingt/gerne …	Einverstanden, ich bin auch dafür.
Wir können nach / in die … fahren.	Das möchte ich nicht. / Das gefällt mir nicht.
In … gibt es …	Ich bin dagegen.
Man kann von dort nach / in die / auf den … fahren.	Ich möchte gern/lieber / am liebsten …

b Spielt Dialoge zu euren Vorschlägen: Vorteile/Nachteile, Alternativen, Kosten …
根据你们的建议进行对话：好处/坏处，可选方案，费用……

7 Am Fahrkartenschalter

a Lies 1–6 und den Reiseplan. Hör zu: was ist richtig? Was ist falsch?
读句子（1–6）和旅行计划。听录音，判断正误。

die BahnCard 25 (25% billiger)

ICE (Intercity-Express)

IC (Intercity)

1. Sara möchte nach Koblenz fahren.
2. Sie bekommt die Fahrkarte nicht billiger.
3. Der Zug fährt kurz vor 11 von Gleis 4.
4. Sie fährt mit einem ICE.
5. Sie muss dreimal umsteigen.
6. Sie reserviert einen Platz am Fenster.

Bordrestaurant

RE (Regionalexpress)

Detailansicht

Bahnhof/Haltestelle	Datum	Zeit	Gleis	Produkte	Bemerkungen
Freiburg (Breisgau) Hbf	Mi, 27.08.08	ab 10.57	4	ICE 372	Intercity-Express
Mannheim Hbf	Mi, 27.08.08	an 12.22	2		Bordrestaurant
Mannheim Hbf	Mi, 27.08.08	ab 12.39	2	IC 2112	Intercity
Koblenz Hbf	Mi, 27.08.08	an 14.10	3		Fahrradmitnahme reservierungspflichtig, Fahrradmitnahme begrenzt möglich, Bordrestaurant

Dauer: 3:13; fährt täglich, nicht 20., 21. Sept
→ Zwischenhalte einblenden

→ In Kalender eintragen   Preis: 64,00 EUR   zur Buchung

b Hör den Dialog noch einmal und lies mit. 再听一遍对话并跟读。

Teil 1: Ort und Datum
- ● Guten Tag, ich hätte gern eine Fahrkarte von Freiburg nach Koblenz.
- ■ Für wann?
- ● Für übermorgen.
- ■ Hin und zurück?
- ● Nein, einfach.
- ■ Haben Sie eine BahnCard?
- ● Ja, die BahnCard 25.

Teil 2: Uhrzeit und Zugtyp
- ■ Um wie viel Uhr möchten Sie fahren?
- ● Um zehn.
- ■ Um 10 Uhr 57 fährt ein ICE.
- ● Gibt es noch eine Möglichkeit?
- ■ Erst wieder um 13 Uhr 04.
- ● Dann nehme ich den Zug um 10 Uhr 57. Von welchem Gleis fährt der Zug?
- ■ Gleis 4.

Teil 3: Reservierung
- ■ Möchten Sie reservieren?
- ● Ja, bitte.
- ■ 1. oder 2. Klasse?
- ● 2. Klasse.
- ■ Fenster oder Gang?
- ● Wie bitte?
- ■ Möchten Sie am Fenster sitzen oder am Gang?
- ● Am Fenster bitte.
- ■ Gut, das kostet dann zusammen 64 Euro.

c Spielt die Dialoge. 表演对话。

8 Sprechen üben: nachfragen

Hör zu. Was fehlt bei den Dialogen? Frag bei Dialog 2–4 nach wie bei Dialog 1.
听录音，对话中缺了什么？参照对话 1，对对话 2–4 进行提问。

um wie viel Uhr – wie viel – auf welchem … – wie viel

Dialog 1
- ● Der ICE fährt um …
- ■ Wie bitte? Um wie viel Uhr fährt der ICE?
- ● Der ICE fährt um 13 Uhr 15.
- ■ Danke schön.

9 Rollenspiel: Dialoge am Bahnhof

a Bereitet Dialoge vor und spielt zu zweit. 准备对话，两人一组进行对话。

Kunde 1	
Strecke	Heidelberg → Köln
Datum	12.3.–16.3.
Ermäßigung	BahnCard
Verbindung	ICE
Abfahrt – Ankunft	12.36–18.48
umsteigen	Mannheim
Reservierung	2. Klasse
Preis	53,25 €

Kunde 2	
Strecke	Bingen → Straßburg
Datum	morgen
Ermäßigung	nein
Verbindung	Regionalexpress + EuroCity
Abfahrt – Ankunft	14.55–20.01
umsteigen	Mainz + Karlsruhe
Reservierung	2. Klasse, Fenster
Preis	38,50 €

b Sprachmittlung – Spielt zu dritt Situationen bei euch am Bahnhof/Busbahnhof.
三人一组表演在你们那里火车站 / 汽车站的情景。

Eine deutschsprachige Person spricht eure Sprache nicht und bittet euch um Hilfe beim Fahrkartenkauf. Sie möchte in eine andere Stadt fahren und braucht Informationen über: die Abfahrtszeiten, die Dauer von der Fahrt, den Preis usw.

TIPP

Sprechsituationen vorbereiten

Wenn man reist, gibt es viele Situationen immer wieder.

Auf diese Situationen kann man sich vorbereiten.

Probiert es aus. Sammelt Wörter und Ausdrücke zu diesen Themen:

1. bei einer Jugendherberge anrufen
2. nach dem Weg fragen
3. nach Sehenswürdigkeiten fragen
4. etwas zum Essen bestellen

Überlegt: Was wollt ihr wissen, was können die Antworten sein?

Haben Sie am 18. Juni ein Zimmer frei?   *Ja/Nein/Für wie viele Personen?*

Wie viele Nächte? Mit Bad oder ohne Bad?

Vorlieben und Abneigungen nennen

Ich möchte eine Radtour machen.

Ich möchte lieber nach Freiburg.

Das wird bestimmt super.

Ich finde diese Freizeitparks nicht so toll.

Zustimmen und ablehnen

Einverstanden. Ich bin (auch) dafür.

Das ist eine tolle Idee.

Das ist super.

Ich bin dagegen.

Das ist bestimmt sehr teuer / zu teuer.

Das ist doch furchtbar langweilig.

Eine Reise planen

Wohin wollen wir fahren?

Wollen wir im Juli nach … fahren?

Was kann man da machen?

Was willst du in … machen?

Was kostet die Jugendherberge / der Eintritt?

Wir können nach / in die … fahren.

Man kann von dort nach / in die … fahren.

Das möchte ich nicht. / Das gefällt mir nicht.

Ich möchte gern/lieber / am liebsten …

In … gibt es …

Fahrkarten kaufen

Ich hätte gerne eine Fahrkarte nach Rostock.

Für morgen/übermorgen/Freitagmorgen.

Etwa um 10 Uhr. / Zwischen zehn und elf.

Hin und zurück.

Mit/Ohne BahnCard.

1. Klasse. / 2. Klasse.

Ich möchte einen Sitzplatz reservieren.

Am Fenster / Am Gang, bitte.

Gibt es ein Sonderangebot / Ermäßigungen?

Muss ich umsteigen?

Außerdem kannst du …

… Texte zu verschiedenen Orten und Landschaften verstehen.

… einen Fluss präsentieren.

… einen Reiseplan machen und Situationen auf einer Reise vorbereiten.

Grammatik kurz und bündig

Lokalangaben 地点说明语

	Wo? ●	Wohin? →
	dort	dorthin
Orte	in Graz	nach Graz
Länder	in Deutschland	nach Deutschland
	in der Schweiz	in die Schweiz
Kontinente	in Afrika	nach Afrika
	in der Antarktis	in die Antarktis
Flüsse und Seen	am Rhein	an den Rhein
	an der Donau	an die Donau
	am Bodensee	an den Bodensee
Berge	auf der Zugspitze	auf die Zugspitze
	auf dem Matterhorn	auf das Matterhorn

Immer Akkusativ:	durch	den Fluss / das Tal / die Straße	gehen
	gegen	den Felsen / das Auto / die Wand	fahren
	um	den Bodensee / den Dom (herum)	fahren

Ein Abschied

Das lernst du

– Ein Problem beschreiben
– Vor- und Nachteile formulieren
– Über Geschenke sprechen
– Über eine Person sprechen/streiten

Seht euch die Bilder an. Was ist hier passiert? 仔细看图片。这里发生了什么？

Erfindet in Gruppen eine Geschichte zu den vier Bildern. 分组为四张图片编一个故事。

> *Ich muss euch was sagen. Ich bin im nächsten Schuljahr …*

> *Was? Das gibt es doch gar nicht. Das finde ich …*

die Kiste – Kisten packen – die Sachen packen – umziehen – der Umzug – die Party – das Abschiedsgeschenk – spannend – langweilig – die Freunde verlieren – neue Freunde finden – tolle Chance – Mist! – alles ist neu – Angst haben – traurig sein – glücklich sein – etwas Neues kennenlernen – Spaß machen – ätzend sein

Hört das Gespräch. Wer war nahe an der „wahren" Geschichte? 听对话。谁接近真实的故事？

1 Was ist los, Georg?

a Lies 1–5. Hör das Gespräch noch einmal und korrigiere die
falschen Aussagen.
读句子（1–5）。再听一遍对话，纠正错误的陈述。

1. Georg ist ab nächster Woche nicht mehr in seiner Schule.
2. Sein Vater hat eine Arbeitsstelle im Ausland.
3. Georg findet es toll, dass er ins Ausland gehen kann.
4. Die Klasse will noch eine Abschiedsreise mit Georg machen.
5. Alle finden, dass es blöd ist, wenn man ins Ausland umzieht.

b Lest Georgs E-Mail. Fragt euch gegenseitig in der Klasse: *wer, wem, wohin, warum, was, wie …?*
阅读 Georg 的电子邮件。你们用 wer，wem，wohin，warum，was 和 wie 等在课堂上互相提问。

Neue Mail   ⇨ **Senden**

Hi, Jakob, ☹

weißt du schon, dass wir nach Russland gehen? Meine Mutter hat eine tolle Stelle in Moskau an der Universität.
Das ist natürlich super für SIE, aber NICHT für mich! Mein Vater freut sich auch über diese Chance, sagt er. Ich
ärgere mich total über meine Eltern. Können sie nicht noch auf meinen Schulabschluss warten? Ich habe so
tolle Freunde hier, Ben, Paul, Halil und auch Lea. Und mein Fußballteam – wenn ich weggehe, gehöre ich nicht
mehr zum Team. Dann machen sie alles ohne mich. Moskau ist so weit weg von hier, mehr als fünf Stunden mit
dem Flugzeug. Ich weiß nicht, wie das gehen soll. Ich habe schon viel mit meinen Eltern über diese Probleme
diskutiert, aber sie verstehen mich nicht. Sie sagen, ich soll mich für das Neue interessieren, soll optimistisch
und offen sein. Aber ich bin traurig und wütend und kann mich über gar nichts mehr freuen.
Vielleicht kann ich zu euch ziehen? Dann bin ich nicht so weit weg von Frankfurt. Was hältst du von der Idee?
Antworte mir bitte schnell auf diese Mail! Ich brauche deine Hilfe!!!!
Georg ☹

c Verben mit Präpositionen – Lies die E-Mail noch einmal und suche die Präpositionen zu den Verben
im *Denk nach*. 再读一遍电子邮件，寻找与 Denk nach 中这些动词搭配的介词。

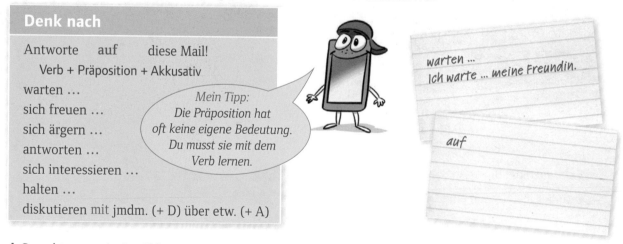

Denk nach

Antworte   auf   diese Mail!
    Verb + Präposition + Akkusativ

warten …
sich freuen …
sich ärgern …
antworten …
sich interessieren …
halten …
diskutieren mit jmdm. (+ D) über etw. (+ A)

Mein Tipp:
Die Präposition hat
oft keine eigene Bedeutung.
Du musst sie mit dem
Verb lernen.

warten …
Ich warte … meine Freundin.

auf

d Sprecht zu zweit. A wählt einen Satzanfang und B findet den passenden Schluss.
两人一组练习。A 选择句子的开头，B 找出正确的句子结尾。

1. Georg ärgert sich
2. Georgs Eltern interessieren sich
3. Georgs Vater freut sich
4. Georg diskutiert mit seinen Eltern
5. Georg hält nichts
6. Georg wartet
7. Jakob antwortet bestimmt schnell

a) auf die Mail von Georg.
b) für Russland.
c) über die gute Stelle.
d) über seine Sorgen.
e) auf eine Antwort von Jakob.
f) über den Umzug.
g) von einem Auslandsaufenthalt.

e Schreib Sätze über dich. Vergleicht eure Sätze in der Klasse.
写几句关于你自己的内容。在课堂上将你们的句子作比较。

Ich freue mich auf …, weil …

Ich ärgere mich über …

Ich warte auf …

Ich diskutiere mit meinen Eltern oft über …

Ich interessiere mich für …

Ich halte nichts von …, weil …

> Ich freue mich auf die neue Smartisoft-ware 5.0., weil ich dann noch mehr Tipps geben kann.

2 Eine E-Mail schreiben

a Beantworte Georgs E-Mail. Berücksichtige die folgenden Punkte: 回复 Georg 的邮件，请考虑以下几点：

– Wie findest du die Situation von Georg?

– Was kann Georg machen?

– Wie kannst du Georg helfen? Wie kannst du ihn trösten?

> Lieber Georg,
> ich kann verstehen, dass …

b Korrigieren – Sammelt in der Klasse:
Auf welche Probleme muss man achten?
纠正：在课堂上收集一下：必须注意哪些问题？

> – Wortstellung: Stehen die Verben richtig?
> – Verbformen …
> – …

c Arbeitet zu zweit. Tauscht eure E-Mails
aus und korrigiert sie.
两人一组练习，交换你们的邮件并纠正错误。

3 Ins Ausland gehen

a Lest den Text und ergänzt die fehlenden Wörter für 1–6. 阅读短文，补充缺少的单词。

Länder – Gründe – Jahr – 81 Mio. Einwohnern – Löhne – Menschen

b Sammelt in der Klasse. Wie viele Pro- und
Kontra-Argumente findet ihr?
你们会发现多少赞成和反对的论点？在课堂上收集一下。

Auswanderer und Zuwanderer

Im **1** 2013 sind fast 800.000 Menschen von Deutschland weggezogen. Die **2** sind meistens bessere Berufsaussichten, höhere **3**, gute Kinderbetreuung oder Rückkehr in die Heimat. Die beliebtesten **4** für deutsche Auswanderer sind die Schweiz, Österreich und die USA. Allerdings sind 2012 auch über eine Million **5** nach Deutschland gekommen. Über 15 % von den **6** Deutschlands sind Menschen mit Migrationsgeschichte. Quelle: Statista 2014

Ein Vorteil ist, dass man andere Menschen trifft.
Es ist gut, wenn man eine neue Sprache lernt.
Ich finde, das ist eine echte Chance, weil …
Für mich ist ein Leben im Ausland nicht interessant, weil …

Ein Nachteil ist, dass …
Ich möchte nicht …, denn …
Es ist traurig, wenn …
Am Anfang ist es bestimmt …, aber später …
Aber ich glaube, dass …

c Und bei euch? Wandern mehr Menschen aus oder ein? Wie war es vor 10 und vor 50 Jahren?
在你们那里，有更多的人移居国外还是有更多的人由国外移入？这在 10 年和 50 年之前又是怎么样的呢？

4 Abschiedsgeschenke für Georg

a Georgs Freunde diskutieren über ein Geschenk. Hör zu und notiere: richtig oder falsch.
Georg 的朋友们正在讨论礼物之事。听录音，记录正误。

1. Sie wollen ihm ein Wörterbuch schenken.
2. Sie wollen ihm alle zusammen ein Buch über Russland schenken.
3. Zwei treffen sich am Nachmittag in der Stadt und kaufen ein Buch.
4. Georg mag die Musik von den „Prinzen".
5. Sie brauchen noch mehr Geschenkideen.

b Was schenken ihm seine Freunde? Schreib Sätze. 他的朋友们送给他什么？写句子。

1. Tom schenkt seinem Freund Georg …
2. Sylvie und Marie schenken ihm …
3. Alle zusammen …

c Wiederholung. Wem? – Ergänze. Es gibt mehrere Möglichkeiten. 用下列词填空。答案不是唯一。

dir – uns – seinen Freunden – Georg – seiner Freundin – meiner Mutter – …

1. Ich kann [?] die Kopfhörer für 20 Euro verkaufen.
2. Mein Bruder leiht [?] morgen sein Moped.
3. Bitte bring [?] Kaugummis mit.
4. Meine Mutter erzählt [?] eine spannende Geschichte.
5. Er schreibt [?] eine Kurznachricht.
6. Ich repariere [?] das Fahrrad.
7. Ich habe [?] einen Ring gekauft.
8. Georgs Mutter kauft [?] einen neuen Computer.

> Ich kann dir die Kopfhörer für 20 Euro verkaufen.

> Ich kann ihm …

Dativ vor Akkusativ		
	Wem?	Was?
	Person	Sache
Sie schenken	ihm	ein T-Shirt.
Er leiht	seinem Freund	sein Tablet.

d Geschenke – Wem kann man was schenken? 你能送给谁什么东西？

Gruppe A
Geschenke für den kleinen
Bruder / die kleine Schwester

Gruppe B
Geschenke für den besten
Freund / die beste Freundin

Gruppe C
Geschenke für Mutter/Vater

> Wir schenken unserer kleinen Schwester eine Puppe.

> Wir schenken unseren Eltern …

5 Vielen Dank für die Party

a Hör das Lied von Samuel Reißen. Welche Fotos passen und warum?
听 Samuel Reißen 的歌曲。哪些照片合适？为什么？

b Lest den Text. Wohin passen die grünen Textzeilen 1–5?
阅读短文。绿色的字行（1–5）可放在哪里？

Vielen Dank für die Party.

Auf Wiedersehn!

a

aber ich muss gehen.

Ich bin hier geboren worden und

wir sind zusammen jeden Tag zur Schule gegangen.

b

Doch jetzt bleibt uns leider nur wenig Zeit.

Denn

bald schon ziehen meine Eltern weg,

weinen und meckern hat keinen Zweck,

c

so viele nette Menschen meine Freunde sind.

Also hört mir zu:

d

und glücklich sein, dass es uns alle gibt!

Vielen Dank für die Party.

Auf Wiedersehn!

e

aber ich muss gehen.

1 Lasst uns feiern bis morgen früh.

2 Es war schön, euch immer wieder zu sehn,

3 Bis bald! Es war schön,

4 ich bin froh, dass ich euch alle kenn,

5 Bis bald! Es war schön,

c Hört das Lied und singt mit. 听这首歌并跟着唱。

d Sprechen üben – Du hörst drei Äußerungen je zweimal.
Wie sprechen die Jugendlichen: traurig, sachlich oder fröhlich?
听三段陈述，每段听两遍。年轻人怎么伤心地、实在地或高兴地说？

1 sachlich

6 Der will ja nicht mit uns reden.

a Georg, Rico und Siri – Lies den Anfang von der Geschichte. Wer sind die drei Personen? Notiere zu jeder Person zwei Sätze. Vergleicht in der Klasse.
阅读故事的开头。这三个人是谁? 为每个人写下两个句子。在课堂上作比较。

Seit drei Wochen ist Georg in seiner neuen Schule. Die Jungs und Mädchen in seiner Klasse sind ganz o.k. Die meisten kennen sich seit dem Kindergarten. Sie
5 haben schon ihre Freunde und am Wochenende machen sie fast immer etwas mit der Familie.

Vorne links am Fenster sitzt Siri. Georg findet sie sehr nett. Sie lacht gern und
10 dann findet Georg sie besonders nett. Aber Siri beachtet ihn gar nicht. Sie schaut immer zu Rico.

Rico ist der „King". Ohne ihn geht nichts in der Klasse. Keiner tut etwas, was
15 Rico nicht passt. Rico ist ein Jahr älter als die anderen und ein Super-Sportler. Er sieht ganz gut aus, aber nicht so gut, wie er glaubt, findet Georg. Georg findet Rico ätzend. Was findet Siri an so einem Typ?
20 Georg versteht es nicht.

b Der Streit – Lies die Worterklärungen 1–8. Lies dann den Text und ordne die grünen Wörter und Ausdrücke den Worterklärungen zu.
阅读单词解释（1–8）。然后读短文。将绿色的单词和表达与单词解释匹配。

In einer Pause gerät Rico mit Alex aneinander, als Georg gerade neben Siri auf dem Pausenhof steht. „Bin gespannt, wer das gewinnt", sagt Georg zu Siri. „Mir egal", antwortet Siri, „ich finde diese Streitereien von den Zwerg-Machos sowieso blöd." „Ich denke, du magst Rico?", rutscht es Georg raus. „Wie kommst du denn darauf?", gibt Siri zurück.
25 Frau Hackstein geht dazwischen. Rico und Alex schäumen vor Wut, Georg lächelt zufrieden. Vielleicht hat er doch eine Chance bei Siri? Rico schaut zu Siri und bemerkt Georg.

1. *hier:* antworten
2. sich streiten, miteinander kämpfen
3. Ich möchte sehr gerne wissen …
4. Schimpfwort: Jungs spielen die starken Männer.
5. *hier:* sehen
6. Man will etwas gar nicht sagen, aber man sagt es plötzlich.
7. *hier:* Zwei kämpfen und eine Person trennt sie.
8. sehr, sehr wütend sein

c Probleme – Lies bis Zeile 35, ordne die Bilder zu. Erzähle, was auf den Bildern passiert.
读到第 35 行，匹配图片。讲一讲，图片上发生了什么?

Am nächsten Tag fehlt morgens der Stuhl an Georgs Platz. Georg wundert sich, dann sieht er seinen Stuhl, er hängt über der Tafel. Alle lachen, als er ihn runterholt, Siri auch.

Am Tag danach, in der Mathestunde, sucht Herr Behrendt die Tafelstifte. Sie sind weg. Herr Behrendt
30 ist wütend und sucht in der Klasse. Sie liegen unter Georgs Tisch und Georg bekommt eine Strafarbeit. Rico grinst, Georg sagt nichts.

Und so geht es weiter. Manche in der Klasse finden das lustig und keiner tut etwas. Georg ist ratlos, traurig und wütend. Manchmal sieht er auch Siri mit den anderen lachen und er traut sich nicht mehr, mit ihr zu sprechen. Auch mit den anderen will er nichts mehr zu tun haben. Gott sei Dank hat
35 er noch seine Gitarre. Beim Musikmachen vergisst er alles.

d Lies die Geschichte noch einmal von Anfang bis Zeile 35. Warum hat Georg Probleme?
将故事从头至第 35 行再读一遍。为什么 Georg 有麻烦？

e Ein Riesenerfolg – Lies das Ende von der Geschichte. Was ist passiert? Sammelt Ideen in Gruppen.
阅读故事的结尾。发生了什么？分组收集想法。

Vier Wochen später hat die Band beim Schulfest ihren ersten Auftritt mit ihrem neuen Gitarristen Georg. Ein Riesenerfolg.

f „Ich habe ja nichts gegen ihn." – Wer sagt was? Hör den Mittelteil von der Geschichte und ordne die Sprechblasen 1–4 den Personen zu. 谁说了什么？听故事的中间部分。将气泡（1–4）与人物匹配。

Projekt

Jemand ist neu bei euch. Wie könnt ihr helfen? Ihr kennt die Listen „FAQ" (frequently asked questions / häufig gestellte Fragen). 你们这里来了新人。你们能提供什么帮助？你们知道常见问题列表。

a Macht zu zweit Listen mit je 5 Fragen zum Leben bei euch.
两人一组列出一张有关在中国生活的五个问题的列表。

b Wählt in der Klasse 15 Fragen aus. 在课堂上选出 15 个问题。

c Schreibt in Gruppen Texte zu euren Fragen. 分组就你们的问题写文章。

d Stellt eure Informationstexte in der Klasse vor. 在课堂上介绍你们的信息。

Mögliche Themen: Schule, Freizeit, Essen, Freunde, Sport, Tourismus, Regeln für Jugendliche, Verbote, Pflichten … 可能的话题：学校、业余活动、饮食、朋友、体育活动、旅游业、青少年规定、禁令、义务等等。
Wie ist das Klima? – Wo kann man …? – Wo treffen sich …? – Was macht man, wenn …?
Wer hilft mir, wenn …? – Was muss ich tun, dass …? – Kann man im Winter/Sommer …? …

Ein Problem beschreiben

Ich ärgere mich über meine Eltern.

Ich weiß nicht, wie das gehen soll.

Ich habe schon viel mit meinen Eltern über diese Probleme diskutiert, aber sie verstehen mich nicht.

Ich bin traurig und wütend und kann mich über gar nichts mehr freuen.

Vor- und Nachteile formulieren

Ein Vorteil ist, dass man …	Ein Nachteil ist, dass man …
Es ist gut, wenn man …	Es ist traurig, wenn …
Ich finde, das ist eine echte Chance, weil man …	Man muss neue Freunde finden.

Über Geschenke sprechen

Was wollen wir ihm schenken?

Wir können ihm einen Basketball schenken.

Georgs Tante hat ihm zum Abschied einen tollen Kopfhörer geschenkt.

Über eine Person sprechen/streiten

Ich weiß gar nicht, was du gegen den hast.	Ich habe ja nichts gegen ihn.
Der redet ja nicht mit mir.	Ah, so ist das. Das ist so ein Quatsch!
Der glaubt, dass er was Besseres ist.	Du, … will mit dir reden.
Mit uns will der doch nichts zu tun haben.	

Außerdem kannst du …

… ein Lied über Geschenke verstehen.

… eine E-Mail mit Ratschlägen schreiben.

… eine Geschichte verstehen.

Grammatik   kurz und bündig

Verben mit Präpositionen 带介词的动词

sich ärgern über (+ A)	Georg ärgert sich über den Umzug.
sich freuen über (+ A)	Sie freuen sich über die tolle Chance.
diskutieren über (+ A)	Sie haben viel über Georgs Sorgen diskutiert.
warten auf (+ A)	Er wartet auf eine Antwort.
antworten auf (+ A)	Jakob soll schnell auf die E-Mail antworten.
sich interessieren für (+ A)	Er interessiert sich für Fußball.
halten von (+ A + D)	Georg hält nichts von einem Auslandsaufenthalt.
träumen von (+D)	Georg träumt von seinen alten Freunden.

Verben mit zwei Ergänzungen 带双补足语的动词

	Person (Wem?)	Sache (Was?)	
Ich schenke	ihm	**ein Buch**.	
Er schenkt	seiner Freundin	**einen Ring**	zum Geburtstag.

Die Person steht meistens im Dativ und die Sache im Akkusativ.

Einige Verben mit zwei Ergänzungen: bringen, erklären, erzählen, holen, kaufen, leihen, mitbringen, reparieren, schenken, schicken, schreiben, verkaufen, wünschen, zeigen …

Mündliche Prüfung Fit A2

Teil 1

Arbeitet zu zweit, jede/r nimmt drei Karten. Mit den Wörtern auf der Karte stellt ihr Fragen. Euer Partner / Eure Partnerin antwortet.
两人一组练习，每人拿三张卡片。用卡片上的词提问题，你们的学习伙伴回答。

Geschwister?	Geburtstag?	Land?	Wohnort?
Lieblingsfach?	Hobby?	Freunde?	Sprachen?

Teil 2

Wir möchten dich und dein Leben näher kennenlernen. Was machst du in den Ferien?
Erzähle. 我们想更进一步了解你和你的生活。讲一讲你在假期会做什么？

zu Hause bleiben

wegfahren

Freunde/Verwandte besuchen

...?

Teil 3

Ihr wollt eine Klassenparty machen. Ihr müsst Essen einkaufen. Wann könnt ihr euch treffen?
你们想办一个班级聚会。你们得买些食物，你们什么时候能见面呢？

Samstag, 8. Juni	
8.00	mit dem Hund raus
9.00	
10.00	Mathe/Deutsch/Bio lernen
11.00	
12.00	
13.00	
14.00	Essen (Oma kommt)
15.00	
16.00	
17.00	mit dem Hund raus
18.00	
19.00	Alina Kino
20.00	
21.00	

Samstag,	
8.00	
9.00	ausschlafen
10.00	
11.00	für Oma einkaufen
12.00	Mittagessen
13.00	
14.00	Rolf: Mathe lernen
15.00	
16.00	
17.00	
18.00	Jugotraining
19.00	
20.00	
21.00	Fernsehen: Bayern – Madrid

DSD Mündliche Prüfung A2 – DSD

Teil 1: Gespräch

Training für Teil 1

– Arbeitet in Gruppen und verteilt die Themen. 分组练习并分发主题。

– Jede Gruppe schreibt zu ihren Themen mindestens 5 Fragen. 每组都至少要针对各自的主题写五个问题。

Schultag	Kleidung in der Schule	Wochenende	Ferien	Geburtstag	Familienfest
Wohnung Haus Zimmer	Wohnort Straße	Freizeit	Musik-instrument	Sport	Hobby
Lieblingstier Haustier	Lieblingsessen	Familie	Freund Freundin	Beruf in der Zukunft	Schule

– Tauscht nun die Gruppen und arbeitet dann zu zweit.
A fragt B und B fragt A zu jeweils mindestens 2 von den Themen.
现在交换小组，然后两人一组练习。A 向 B 询问，
B 向 A 询问至少两个主题。

> Schultag
> Wie kommst du zur Schule?
> Wann beginnt dein Unterricht?
> Welche Schulfächer hast du?

Teil 2: Eine Präsentation

Training für die Präsentation

– Sammelt Themen für eine Präsentation. 收集演讲主题。

> Ich möchte mein Hobby präsentieren: Kitesurfen.

> Ich spiele Klavier. Ich möchte über Musik sprechen.

> Wir haben über das Thema „Umwelt" gesprochen. Ich möchte Tipps zum „Energiesparen" vorstellen.

– Eine Präsentation vorbereiten. Arbeitet zu zweit. Lest die Schritte und bringt sie in eine sinnvolle Reihenfolge. 两人一组准备演讲练习，阅读步骤，并将其按有意义的顺序进行排列。

den Text korrigieren   den Text laut lesen   Stichworte auswählen   Stichworte notieren
den Text schreiben   Informationen sammeln
ein Plakat / eine PP-Präsentation machen   Stichworte aus dem Text nehmen   ein Thema auswählen
die Präsentation sprechen   eine Gliederung machen   passende Redemittel sammeln

oder

Präsentation

...

...

Literatur

Die Geschichte von der Loreley ist in Deutschland und in der ganzen Welt bekannt. Jedes Jahr kommen viele Tausend Touristen zum Loreleyfelsen. Dort hören sie die Sage von der Loreley und das Lied von der Loreley mit dem Text von Heinrich Heine.

Das mittlere Rheintal ist eng und gefährlich. Der Sage nach hat ein blondes, langhaariges Mädchen mit dem Namen Loreley auf dem Felsen am Rhein gesessen, ihr goldenes Haar gekämmt und dabei gesungen. Sie hatte eine wunderschöne Stimme. Ihr Aussehen und der Gesang waren so schön, dass die Schiffer auf dem Rhein zur Loreley hinaufsahen und nicht auf die gefährlichen Stellen im Rhein aufpassten. Viele Schiffe fuhren auf die Felsen im Fluss und sanken. Viele Schiffer verloren ihr Leben.

Heinrich Heine

Ich weiß nicht was soll es bedeuten,
Dass ich so traurig bin;
Ein Märchen aus alten Zeiten,
Das kommt mir nicht aus dem Sinn[1].

Die Luft ist kühl und es dunkelt
Und ruhig fließt der Rhein;
Der Gipfel des Berges funkelt
Im Abendsonnenschein.

Die schönste Jungfrau sitzet
Dort oben wunderbar,
Ihr goldnes Geschmeide blitzet[2],
Sie kämmt ihr goldenes Haar.

Sie kämmt es mit goldenem Kamme
Und singt ein Lied dabei;
Das hat eine wundersame,
Gewaltige Melodei[3].

Den Schiffer im kleinen Schiffe
Ergreift es mit wildem Weh[4];
Er schaut nicht die Felsenriffe[5],
Er schaut nur hinauf in die Höh.

Ich glaube, die Wellen verschlingen
Am Ende Schiffer und Kahn[6];
Und das hat mit ihrem Singen
Die Lore-Ley getan.

[1] ich muss immer daran denken [2] ihr Goldschmuck funkelt/leuchtet [3] tolles Lied [4] großer Schmerz [5] Felsen/Steine im Fluss [6] das Schiff sinkt und der Schiffer verliert sein Leben

Wortliste

Alphabetische Wortliste

Die alphabetische Wortliste enthält alle neuen Wörter von prima^{plus}° A2.2 mit Angabe der Einheit und der Aufgabe (1/8a). **Fett** gedruckte Wörter sind der Lernwortschatz nach den gängigen Prüfungslisten. Bei den Nomen stehen der Artikel und die Pluralform (Abfahrt, die, -en). Manche Nomen kommen nicht oder nur selten im Plural vor. Hier steht „nur Sg." Manche Nomen kommen nicht oder nur selten im Singular vor. Hier steht „nur Pl.".

Bei Verben mit Vokalwechsel und bei unregelmäßigen Verben stehen neben dem Infinitiv auch die 3. Person Sg. Präsens und das Partizip (abgeben, gibt ab, abgegeben). Bei den trennbaren Verben sind die Präfixe kursiv markiert (aufstehen). Ein . oder ein _ unter dem Wort zeigt den Wortakzent: _ langer Vokal oder . kurzer Vokal (Abendessen, Abfahrt). Der Lernwortschatz steht auch auf der Seite „Deine Wörter" im Arbeitsbuch.

A

Abendessen, das, -   12/8a
Abfahrt, die, -en   13/9a
Abfahrtstag, der, -e   11/8c
Abgeordnete, der/die, -n   11/8a
Abschiedsgeschenk, das, -e   14/AT
Abschiedsreise, die, -n   14/1a
Ach nee.   10/10a
Ach!   11/8a
Achterbahn, die, -en   9/1a
Affenhitze heute!   12/2b
Ahnung, die, -en (Ahnung haben)
   10/11a
Aktion, die, -en   12/6a
Alkohol, der, nur Sg.   9/1a
allerdings   14/3a
Alpenregion, die, -en   12/4d
Altersklasse, die, -n   8/9a
Altstadtfest, das, -e   9/7a
am Meer   12/1c
Ampel, die, -n   11/4a
aneinander   14/6b
angeben, gibt an, angegeben   12/6a
Ankunft, die, nur Sg.   13/9a
antworten auf   14/1
anziehen, zieht an, angezogen
   9/6a
Arbeitsstelle, die, -n   14/1a
sich ärgern über   14/1d
Arktis, die, nur Sg.   12/4a
Artikel, der, -   12/10a
Attraktion, die, -en   9/7a
auf dem Land   12/1c
aufstellen   8/8a
sich aufteilen   11/8a
auftreten, tritt auf, aufgetreten
   11/3a
Auslandsaufenthalt, der, -e   14/1d
außer   12/6a
Äußerung, die, -en   12/10a
Austauschpartner, der, -   10/3a

Auswanderer, der, -   14/3a
Ausweis, der, -e   10/7b
auswendig   8/9a
auswendig lernen   8/4a
Auweia!   8/5c

B

baden   12/6a
BahnCard, die, -s   13/7b
Balkon, der, -e   10/5a
Band, die, -s   Musikgruppe 9/3b
Bau, der, Bauten   13/1a
bauen   12/Projekt
beachten   14/6a
Begleiter, der, -   11/8a
begrenzt   13/7b
behalten, behält, behalten   11/5a
bekannt   8/8a
bemerken   14/6b
Bemerkung, die, -en   13/7b
Berg, der, -e   12/AT
Berufsaussichten, die, nur Pl.
   14/3a
Beruhigung, die, nur Sg.   10/3a
Besichtigung, die, -en   11/8a
besprechen, bespricht, besprochen
   10/3a
Beste, der/die/das, -n   9/2a
bestimmte   8/3a
bewölkt   12/2a
Bier, das, nur Sg.   9/1a
Bis bald!   9/1a
Bitte nicht!   13/3c
Bordrestaurant, das, -s   13/7b
braten, brät, gebraten   9/2a
Braut, die, "-e   9/4a
Bräutigam, der, -e   9/4a
brechen, bricht, gebrochen   8/7c
Brieffreundin, die, -nen   13/4b
Buchung, die, -en   13/7b
Bühne, die, -n   11/3a

Bund, der, "-e   12/6a
Bundesjugendspiele, die, nur Pl.
   8/3a
Bundesland, das, "-er   12/Projekt
Bundestag, der, nur Sg.   11/AT
Burg, die, -en   13/1a
Busbahnhof, der, "-e   10/9d
Busfahrt, die, -en   11/8a

C

Chaos, das, nur Sg.   12/5a
Chef, der, -s   12/5a
Club, der, -s   8/8a
Clubszene, die, -n   11/3a

D

dabei sein   9/1a
Dach, das, "-er   13/1a
dagegen   13/3c
daran   9/3b
Dauer, die, nur Sg.   13/7b
dazwischen   14/6b
Denkmal, das, "-er   11/8a
Designer, der, -   11/1a
Designerin, die, -nen   11/1a
Deutschlandbesuch, der, -e   9/1a
deutschsprachig   9/4c
direkt   11/8a
Diskussion, die, -en   9/7a
diskutieren   9/7a
diskutieren über   14/1c
DJ, der, -s   11/3a
doch   14/AT
Dom, der, -e   13/1a
dorthin   13/4b
drittgrößte   13/1a
drüben   11/6a
Dunkelheit, die, -en   10/11a

E

echt gut   9/3b
Ehrenurkunde, die, -n   8/3a
*ein*blenden   13/7b
Eindruck, der, "-e   12/10a
Eingang, der, "-e   9/1a
*ein*laden, lädt *ein*, *ein*geladen 9/4c
Einsatz, der, "-e   8/8a
*ein*steigen, steigt *ein*, *ein*gestiegen
   8/8a
*ein*tragen, trägt *ein*, *ein*getragen
   13/7b
Eintritt frei   9/7a
einverstanden sein   10/10a
Einverstanden.   9/8e
Eisbär, der, -en   12/4a
eisfrei   12/4a
Elektrogerät, das, -e   12/6a
Endspiel, das, -e   8/8a
Energie, die, -n   12/4e
Energiesparen, das, nur Sg.   12/6a
Energiesparlampe, die, -n   12/6a
Entschuldige!   8/5c
entwerfen, entwirft, entworfen
   11/1a
entwickeln   11/8a
Entwurf, der, "-e   9/1a
Erdöl, das, nur Sg.   12/9a
Erfahrung, die, -en   10/4a
erfolgreich   8/8a
ergänzen   9/7a
Ergebnis, das, -se   8/7e
Ermäßigung, die, -en   11/9c
erreichen   8/3a
Ersparnis, das, -se   12/6a
EuroCity, der, -s   13/9a
Europa-Park, der, -s   13/3c

F

Fabrik, die, -en   13/1b
Fahrkarte, die, -n   11/7a
Fahrradmitnahme, die, -n   13/7b
Fahrradweg, der, -e   13/1a
Fahrradwerkstatt, die, "-en
   12/Projekt
Fahrt, die, -en   13/4a
Fasching, der, nur Sg.   13/1a
Fasnacht, die, nur Sg.   9/Projekt
fast   12/10a
fehlen   11/8a
Fehler, der, -   10/3a
Feier, die, -n   9/4c
Fernsehturm, der, "-e   10/11a
Festival, das, -s   11/1b
feucht   12/AT
Feuersturm, der, "-e   12/4a

Feuerwerk, das, -e   9/7a
Filmfest, das, -e   11/1a
Filmfestival, das, -s   11/1a
Filmindustrie, die, -n   11/1a
Filmstar, der, -s   11/1a
Fingerhakeln, das, nur Sg.
   8/Projekt
fließen, fließt, geflossen   11/1a
Flusshafen, der, "-   13/1a
Folklorefest, das, -e   9/7a
foulen   8/7c
Free-Fall-Tower, der, -   9/1a
Freizeitpark, der, -s   13/3c
fremd   11/7a
sich freuen über   14/1b
Frühlingsfest, das, -e   9/7a
Frühsommer, der, -   11/1a
Führung, die, -en   11/8a
Funkausstellung, die, -en   11/9a
furchtbar   12/1d
Fußballlegende, die, -n   8/8a
Fußballteam, das, -s   14/1b
Fußgängerzone, die, -n   13/1a

G

Gang, der, "-e   13/7b
Gas, das, -e   12/6a
Gastfamilie, die, -n   10/1b
Gastland, das, "-er   10/4a
Gastschwester, die, -n   10/4a
Gastvater, der, "-   10/1b
gebrochen   8/7e
Geburtsdatum, das Geburtsdaten
   10/4a
Gedächtnisweltmeisterschaft, die, -en
   8/9a
gefährlich   12/AT
gehören   14/1b
gehören zu   11/1a
Gelegenheit, die, -en   9/7a
geraten, gerät, geraten   14/6b
Geschafft!   10/11b
Geschenkidee, die, -n   14/4a
gespannt   14/6b
gestorben   11/8a
gesund   12/9b
geteilt   11/2b
getrennt   11/2b
Gitarrist, der, -en   14/6e
Gleis, das, -e   10/9d
Gott sei Dank.   14/6c
Graffiti, das, -s   11/8a
Grenze, die, -n   11/2b
grinsen   14/6c
Großstadt, die, "-e   12/AT
Grund, der, "-e   14/3a

H

Halle, die, -n   8/1b
Halskette, die, -n   13/4a
halten von, hält von, gehalten von
   14/1d
Hauptbahnhof, der, "-e   11/1a
Haupteingang, der, "-e   11/8a
Heimat, die, -en   14/3a
Heimatstadt, die, "-e   11/3a
Heimweh, das, nur Sg.   10/11b
heizen   12/9b
Heizung, die, -en   12/9b
Hektar, der, –   12/4a
herrlich   12/2b
hierher   11/3a
hin und zurück   13/7b
hintereinander   8/8a
Hintergrund, der, "-e   12/AT
*hinunter*fahren, fährt *hinunter*,
   *hinunter*gefahren   8/8a
Hitze, die, nur Sg.   12/2a
Hockeyplatz, der, "-e   8/1b
hoffentlich   10/3a
höflich   11/9c
Höhepunkt, der, -e   9/3b
hundert   11/3a

I

IC, der, -s   13/7b
ICE, der, -s   13/7a
ideal   10/4a
Improvisationstheater, das, –   11/8a
Industrie, die, -n   13/1a
Industriestadt, die, "-e   13/1a
sich **informieren**   13/3b
Initiative, die, -n   12/Projekt
insgesamt   11/3a
Intercity, der, -s   13/7b
Intercity-Express, der, -e   13/7b
sich **interessieren für**   14/1b

J

Ja, natürlich.   10/9b
Jahrhundert, das, -e   9/7a
Judotraining, das, -s   8/5c
Jugendkulturfestival, das, -s   9/7a
jugendlich   9/7a
Jugendnationalmannschaft, die, -en
   8/8a

K

Kalender, der, -   13/7b
Kälte, die, nur Sg.   12/2a
kämpfen   14/6b
Karneval, der, -s   9/AT
Karnevalslied, das, -er   9/3b

Karnevalswagen, der, - 9/3b
Karnevalszug, der, "-e 9/3a
Karnevalsmetropole, die, -n 13/1a
Karriere, die, -n 8/8a
Karte, die, -n 11/9a
Kaufhaus, das, "-er 11/8a
kaum 11/8a
Kinderbetreuung, die, -en 14/3a
klappen 10/9b
klasse 9/3b
Klassenfahrt, die, -en 11/8a
Klassenkamerad, der, -en 10/11c
klassisch 11/3a
Klima, das, Klimata 10/2-
Klinik, die, -en 8/7b
km/h (Kilometer pro Stunde)
    12/4a
Knie, das, - 8/7e
komisch 10/11a
kommen auf 14/6b
Kopfweh, das, nur Sg. 8/7e
Krankenhaus, das, "-er 8/7e
Krankheit, die, -en 12/9a
Kreuzung, die, -en 11/4a
Krönung, die, -en 9/7a
kulturell 11/1a
Kulturprogramm, das, -e 9/7a
Kuppel, die, -n 11/8a
kurz vor 9/3b
Kuscheltier, das, -e 10/5c

L

lächeln 14/6b
Ladegerät, das, -e 12/6a
Lämpchen, das, – 12/6a/47
Land, das, "-er 10/2
Langläuferin, die, -nen 8/8a
Laufwettbewerb, der, -e 9/7a
lebendig 10/11a
Lebkuchenhaus, das, "-er 9/4a
legen, legt, gelegt 10/8a
Leichtathletik, die, nur Sg. 8/3a
Leser, der, – 12/10a
Leserin, die, -nen 12/10a
liebste 13/6a
Liter, der, – 9/1a
Live-Musik, die, nur Sg. 9/7a
Lohn, der, "-e 14/3a
Lösung, die, -en 12/Projekt
Luft, die, "-e 8/8a
Luftverschmutzung, die, nur Sg.
    12/9a

M

Mannschaft, die, -en 8/1c
Markt, der, "-e 9/7a

Marktrecht, das, -e 9/7a
Mauerrest, der, -e 11/8a
meckern 14/5b
Medienstadt, die, "-e 13/1a
Meisterschaft, die, -en 8/8a
Metropole, die, -n 11/1a
Migrationsgeschichte, die, -n 14/3a
Ministerium, die, Ministerien 11/1a
Minute, die, -n 8/6b
Mio. (Million, die, -en) 8/8a
Mir egal. 14/6b
Mischung, die, -en 11/8a
Mistwetter, das, nur Sg. 12/2b
miteinander 14/6b
mitmachen 9/8d
mittelalterlich 9/7a
mittelgroß 10/4a
Mode-Stadt, die, "-e 11/1a/36
Möglichkeit, die, -en 13/7b
Mülleimer, der, - 12/10a/49
Müllproblem, das, -e 12/Projekt
Mülltrennung, die, -en 12/6a
multikulturell 11/1a
Musiker, der, – 9/3a/15
Musikhauptstadt, die, "-e 11/3a
Musikproduzent, der, -en 13/1a

N

Na endlich! 8/5a
nacheinander 8/8a
Nachteil, der, -e 12/1c
nachts 9/3b
Nähe, die, nur Sg. 11/1a
Nationalmannschaft, die, -en 8/8a
Nationalspieler, der, - 8/8a
Natur, die, -en 12/1d
Naturschutz, der, nur Sg. 12/6a
Nee. 13/3c
negativ 12/10a
nennen, nennt, genannt 9/1a
Neue, das, nur Sg. 14/AT
nicht nur ... sondern auch 10/1b
nicht so 13/3c
Null, die, -en 8/9a

O

Oase, die, -n 12/AT
ob 9/1b
Obdachlose, der/die, -n 11/8a
offen sein 10/4a/23
Öffnungszeit, die, -en 11/9a
ökologisch 12/Projekt
Ökostadt, die, "-e 13/1a
Oktoberfest, das, -e 9/1a
Olympiastadion, das, Olympiastadien
    11/7a

Olympische Spiele, die, nur Pl. 8/8a
Open-Air-Disco, die, -s 9/7a
Open-Air-Konzert, das, -e 9/7a
Oper, die, -n 11/3a
Opernhaus, das, "-er 11/3a
Ordnung, die, -en 10/9b
Organisation, die, -en 12/6b
Orkan, der, -e 12/4a
Ort, der, -e 11/7a
Osterei, das, -er 9/4a
Osterhase, der, -n 9/4a

P

ein paarmal 13/3c
Parlament, das, -e 11/AT
Passage, die, -n 10/10a
Pausenhof, der, "-e 14/6b
Pech, das, nur Sg. 8/7c
Pessimist, der, -en 12/10a
Philharmonie, die, -n 11/3a
Pinguin, der, -e 12/AT
Plastiktüte, die, -n 12/6a/47
Politikerin, die, -nen 11/8b
politisch 9/7a
Popakademie, die, -n 13/1a
Popfestival, das, -s 11/3a
Popstar, der, -s 13/4a
positiv 10/11c
präsentieren 9/3a
pro Tag 12/6b
Produkt, das, -e 13/7b
Profi, der, -s 8/1c
Projekttag, der, -e 9/3b
Prozent, das, -e 12/6a
Punktzahl, die, -en 8/3a
Puppe, die, -n 14/4d

Q

Qualifikation, die, -en 8/8a
Quatsch, der, nur Sg. 14/6f
Quelle, die, -n 13/5-
Quellenfest, das, -e 9/7a
Quellenkönigin, die, -nen 9/7a

R

Rad, das, "-er 8/7e
Rahmenprogramm, das, -e 9/7a
Rap, der, -s 9/7a
raten, rät, geraten 11/8a
ratlos 14/6c
rechnen 8/4a
Recycling, das, nur Sg. 12/7a
Recyclingpapier, das, -e 12/7a
Redaktion, die, -en 12/6a
Regenchaos, das, nur Sg. 12/4a

Regenwasser, das, nur Sg.
   12/Projekt
Regierung, die, -en   11/1a
Regierungsviertel, das, –   11/1a
Region, die, -en   9/7a
Regionalexpress, der, -e   13/9a
regnerisch   12/2a
Reichstag, der, -e   11/7a
Reichstagsgebäude, das, -   11/1a
Reihenfolge, die, -n   8/9a
Rekord, der, -e   8/8a
Rennfahren, das, nur Sg.   8/8d
Rennfahrer, der, -   8/8a
Reservierung, die, -en   13/9a
reservierungspflichtig   13/7b
Reststück, das, -e   11/2b
retten   12/6a
Richtung, die, -en   11/7a
Riesenerfolg, der, -e   14/6e
Riesenüberraschung, die, -en   8/8a
riesig   11/8a
Ring, der, -e   13/4a
Römer, der, –   13/1a
Römerkastell, das, -e   9/7a
Rosenmontagszug, der, "-e   9/3b
Rückkehr, die, nur Sg.   14/3a
Rückweg, der, -e   11/8a
rund   9/7a
runterholen   14/6c
rutschen   14/6b

S

Sachen, nur Pl.   9/3b
sachlich   12/6a
Saison, die, -s   8/8a
Saisonlauf, der, "-e   8/8a
Sängerin, die, -nen   11/3a
saukalt   12/2b
S-Bahn, die, -en   11/AT
Schanze, die, -n   8/8a
schäumen vor Wut   14/6b
Schauspielerin, die, -nen   11/3a
Schausteller, der, –   9/7a
Schiedsrichter, der, –   8/1b
schießen, schießt, geschossen   8/8a
Schiffer, der, –   13/1a
Schimpfwort, das, "-er   14/6b
Schläger, der, –   8/1b
Schloss, das, "-er   11/6a
Schlossfest, das, -e   9/7a
Schlüssel, der, –   8/6b
schmelzen, schmilzt, geschmolzen
   12/9a
Schmerz, der, -en   8/7e
Schulanfang, der, "-e   9/4d
Schulfest, das, -e   9/AT

Schulter, die, -n   8/7e
Schuluniform, die, -en   10/AT
Schulweg, der, -e   10/1b
Schutz, der, nur Sg.   12/7a
Sehenswürdigkeit, die, -en   11/1a
Selbstbewusstsein, das, nur Sg.
   8/AT
setzen   10/7b
Show, die, -s   11/9a
sicher   10/3a
Siebenmeter, der, –   8/1b
Sieg, der, -e   8/8a
Siegerurkunde, die, -n   8/3a
Siegessäule, die, -n   11/8a
Siegesserie, die, -n   8/8a
**singen über, singt über, gesungen
   über   11/3a**
Situation, die, -en   14/2a
Sitz, der, -e   11/1a
Skihalle, die, -n   10/11a
Skispringer, der, -   8/8a
Skisprung-Weltcup, der, -s   8/8a
so   9/1a
So ein Mistwetter!   12/2b
So ein Pech!   8/7c
so viel   9/1b
so weit sein   11/8a
so weit wie   8/3c
So, das war es.   12/6a
Sofasportler, der, –   8/2a
Solaranlage, die, -n   12/Projekt
sondern   10/1b
sondern auch   10/2-
sonnig   9/1a
Sorry!   8/5c
Spaß machen   12/6a
Speicherstadt, die, "-e   10/10a
Spieler, der, -   8/1b
Spielerin, die, -nen   8/1b
Spielkonsole, die, -n   12/6a
spontan   11/8a
Sportfanatiker, der, -   8/2a
Sportlerin, die, -nen   8/3a
Sportmuffel, der, -   8/2a
Sportplatz, der, "-e   8/1c
Sprung, der, "-e   8/8a
Stadion, das, Stadien   11/8a
Stadtgebiet, das, -e   11/1a
Stadtrundfahrt, die, -en   11/1a
Stadtteil, der, -e   11/7a
Stand-by, das, -s   12/6a
Stand-by-Funktion, die, -en   12/6a
Stein, der, -e   13/1b
Stichwort, das, Stichworte/
   Stichwörter   11/8a
Stofftasche, die, -n   12/6a

Strandcafé, das, -s   11/1a
Straßencafé, das, -s   11/1c
Straßenfest, das, -e   9/7a
Strecke, die, -n   13/9a
Streiterei, die, -en   14/6b
**Strom, der, hier nur Sg. (elek-
   trischer Strom)   12/6a**
Stromfresser, der, -   12/6a
Stromsparen, das, nur Sg.   12/6
Studio, das, -s   13/1a
stürmisch   12/2a
stürzen   8/7e
supertoll   9/1a

T

Tafelstift, der, -e   14/6c
Tannenbaum, der, "-e   9/4a
tanzen gehen   10/4a
tauchen   8/4a
Tausend, das, -e   13/1a
*teil*nehmen an, nimmt *teil*,
   *teil*genommen   9/3b
Teilnehmerin, die, -nen   8/8a
Teilnehmerurkunde, die, -n   8/3a
Termin, der, -e   11/8a
Thema, das, Themen   9/7a
Tierpark, der, -s   10/10a
Titel, der, -   8/8a
Toilette, die, -n   12/Projekt
Tonne, die, -n   9/3b
Tor, das, -e   11/AT
Tradition, die, -en   9/6a
sich trauen   14/6c
träumen   10/11a
Trauung, die, -en   9/4a
**sich treffen, trifft sich, sich
   getroffen   11/1a**
Trinkwasser, das, nur Sg.   12/9a
trocken   12/2a
Trockenheit, die, -en   12/9a
turnen   8/1a
Turnhalle, die, -n   8/7e

U

u.a. (unter anderem)   11/1a
U-Bahn, die, -en   11/6a
über (= mehr als)   11/1a
Überschwemmung, die, -en   12/4
umso mehr   9/1a
**umsteigen, steigt um,
   umgestiegen   11/6a**
Umwelt, die, nur Sg.   12/6a
umweltfreundlich   12/4e
Umweltprojekt, das, -e   12/Projekt
Umweltschutz, der, nur Sg.   12/6a
Umweltschützer, der, -   12/10a

Umweltschutzorganisation, die, -en 12/7a

Umzug, der, "-e 14/AT

Unfall, der, "-e 8/7e

Universität, die, -en 14/1b

Unsinn, der, nur Sg. 9/4d

Unterschrift, die, -en 10/4a

unterstützen 12/Projekt

Ups! 8/5c

Urkunde, die, -n 8/3a

Urlauber, der, - 12/4d

Urwald, der, "-er 12/AT

V

Verabredung, die, -en 8/5c

Verbindung, die, -en 13/9a

verbrauchen 12/6a

Vergnügungspark, der, -s 13/1a

verkaufsoffen 9/7a

Verkehr, der, nur Sg. 10/1b

sich verkleiden 9/3b

sich verlaufen, verläuft sich, sich verlaufen 11/8a

verletzt 8/7e

Verpackungsmüll, der, nur Sg. 12/10a

verpassen 11/8a

verreisen 13/3b

verschieden 11/8b

verschmutzen 12/9b

Verspätung, die, -en 8/6b

verwenden 12/4e

Verwendung, die, -en 12/Projekt

Viertel, das, - 11/8a

Volksfest, das, -e 9/AT

vor allem 11/1a

Vordergrund, der, "-e 12/AT

Vorschlag, der, "-e 12/6b

Vorstellung, die, -en 11/9a

Vorteil, der, -e 12/1c

W

Wald, der, "-er 11/1a

wandern 12/1d

warten auf 14/1d

was für ein 12/2b

Wasserfall, der, "-e 13/1a

wechseln 8/8a

Wegbeschreibung, die, -en 11/9d

wegziehen, zieht weg, weggezogen 14/3a

Weihnachtsplätzchen, das, – 9/4a

Wein, der, -e 9/7a

weiterfahren, fährt weiter, weitergefahren 8/7e

weiterspielen 8/7c

Weitsprung, der, "-e 8/3a

weltberühmt 11/3a

Weltmeister, der, - 8/8a

Weltmeisterschaft, die, -en 8/8

weltweit 11/1a

werfen, wirft, geworfen 8/3c

Wettbewerb, der, -e 12/Proj-b

Wie langweilig! 12/1d

windig 12/2a

Wirtschaft, die, -en 13/1a

WM, die, -s 8/8a

Wolke, die, -n 12/2a

worum 14/6f

sich wundern 14/6c

wunderschön 10/11a

Wüste, die, -n 12/AT

Z

Zähneputzen, das, nur Sg. 12/6a

zeichnen 8/4a

ziemlich 11/6a

zuletzt 9/6a

zurückfahren, fährt zurück, zurückgefahren 10/11a

zusammenkommen 11/8b

Zuschauer, der, – 9/3b

Zuwanderer, der, – 14/3a

Zweck, der, -e 14/5b

Zwerg-Macho, der, -s 14/6b

Zwischenhalt, der, -e 13/7b

Liste einiger Verben mit Dativ

antworten	gratulieren	raten	weh tun
danken	guttun	schmecken	
gefallen	helfen	stehen	
gehören	passen	vertrauen	

Liste einiger Verben mit Dativ und Akkusativ

anbieten	geben	mitbringen	wünschen
empfehlen	holen	schenken	zeigen
erklären	kaufen	schicken	
erzählen	leihen	schreiben	

Liste unregelmäßiger Verben

In dieser Liste findest du wichtige unregelmäßige Verben. Zuerst steht der Infinitiv (beginnen), dann die 3. Person Singular Präsens (er/es/sie beginnt) und dann die Perfektform (er/es/sie hat begonnen).

Die Perfektformen mit sein sind rot markiert (ist abgehauen). Die trennbaren Vorsilben sind *kursiv* markiert (*ab*hauen).

Infinitiv	Präsens – 3. Person Sg. er/es/sie	Perfekt – 3. Person Sg. er/es/sie
*ab*hauen	haut ... *ab*	ist *ab*gehauen
*an*bieten	bietet ... *an*	hat *an*geboten
*an*fangen	fängt ... *an*	hat *an*gefangen
*an*ziehen	zieht ... *an*	hat *an*gezogen
*auf*stehen	steht ... *auf*	ist *auf*gestanden
*auf*treten	tritt ... *auf*	ist *auf*getreten
*aus*leihen	leiht ... aus	hat ausgeliehen
beginnen	beginnt	hat begonnen
behalten	behält	hat behalten
beißen	beißt	hat gebissen
bekommen	bekommt	hat bekommen
benennen	benennt	hat benannt
bleiben	bleibt	ist geblieben
bringen	bringt	hat gebracht
braten	brät	hat gebraten
brechen	bricht	hat gebrochen
brennen	brennt	hat gebrannt
bringen	bringt	hat gebracht
*dabei*haben	hat ... *dabei*	hat *dabei*gehabt
denken	denkt	hat gedacht
dürfen	darf	hat gedurft/dürfen
*ein*fallen	fällt ... *ein*	ist *ein*gefallen
*ein*laden	lädt ... *ein*	hat *ein*geladen
*ein*schlafen	schläft ... *ein*	ist *ein*geschlafen
*ein*steigen	steigt ... *ein*	ist *ein*gestiegen
*ein*tragen	trägt ... *ein*	hat *ein*getragen
entwerfen	entwirft	hat entworfen
erfinden	erfindet	hat erfunden
erraten	errät	hat erraten
essen	isst	hat gegessen
fahren	fährt	ist gefahren
finden	findet	hat gefunden
fliegen	fliegt	ist geflogen
fließen	fließt	ist geflossen
fressen	frisst	hat gefressen
geben	gibt	hat gegeben
geraten	gerät	ist geraten
gefallen	gefällt	hat gefallen
gehen	geht	ist gegangen
haben	hat	hat gehabt
halten	hält	hat gehalten
hängen	hängt	hat gehängt/gehangen
*herunter*laden	lädt ... *herunter*	hat *herunter*geladen
heißen	heißt	hat geheißen
helfen	hilft	hat geholfen
*hin*fallen	fällt ... *hin*	ist *hin*gefallen
*hoch*laden	lädt ... *hoch*	hat *hoch*geladen

Liste unregelmäßiger Verben

Infinitiv	Präsens – 3. Person Sg. er/es/sie	Perfekt – 3. Person Sg. er/es/sie
kennen	kennt	hat gekannt
kommen	kommt	ist gekommen
können	kann	hat gekonnt/können
lassen	lässt	hat gelassen/lassen
laufen	läuft	ist gelaufen
leiden	leidet	hat gelitten
lesen	liest	hat gelesen
liegen	liegt	hat gelegen
mögen	mag	hat gemocht/mögen
müssen	muss	hat gemusst/müssen
nehmen	nimmt	hat genommen
nennen	nennt	hat genannt
passieren	passiert	ist passiert
raten	rät	hat geraten
reiten	reitet	ist geritten
riechen	riecht	hat gerochen
*runter*laden	lädt ... *runter*	hat *runter*geladen
rufen	ruft	hat gerufen
scheinen	scheint	hat geschienen
schießen	schießt	hat geschossen
schlafen	schläft	hat geschlafen
schließen	schließt	hat geschlossen
schreiben	schreibt	hat geschrieben
schwimmen	schwimmt	ist geschwommen
sehen	sieht	hat gesehen
setzen	setzt	hat gesetzt
singen	singt	hat gesungen
sitzen	sitzt	hat gesessen
sprechen	spricht	hat gesprochen
springen	springt	ist gesprungen
stehen	steht	hat gestanden
steigen	steigt	ist gestiegen
streiten sich	streitet sich	hat sich gestritten
tragen	trägt	hat getragen
treffen sich	trifft sich	hat sich getroffen
trinken	trinkt	hat getrunken
*um*steigen	steigt ... *um*	ist *um*gestiegen
verbinden	verbindet	hat verbunden
vergessen	vergisst	hat vergessen
vergleichen	vergleicht	hat verglichen
verlassen	verlässt	hat verlassen
verlaufen sich	verläuft sich	hat sich verlaufen
verlieren	verliert	hat verloren
verstehen	versteht	hat verstanden
vorgehen	geht ... vor	ist vorgegangen
waschen	wäscht	hat gewaschen
*weg*ziehen	zieht ... *weg*	ist *weg*gezogen
*weh*tun	tut ... *weh*	hat *weh*getan
werfen	wirft	hat geworfen
wissen	weiß	hat gewusst
wollen	will	hat gewollt/wollen
*zurück*ziehen sich	zieht ... sich *zurück*	hat sich *zurück*gezogen

Bildquellen

S. 4 10: Cornelsen Schulverlage/Hugo Herold Fotokunst; 11: picture alliance/dpa; 14: Cornelsen Schulverlage/Hugo Herold Fotokunst – **S. 9** Cornelsen Schulverlage/Lutz Rohrmann – **S. 10** B: mauritius images/imageBROKER/mirafoto; C: mauritius images/imageBROKER/Uwe Kraft – **S. 22** Schule: Cornelsen Schulverlage/Hugo Herold Fotokunst – **S. 23** Cornelsen Schulverlage/Hugo Herold Fotokunst – **S. 24** Cornelsen Schulverlage/Hugo Herold Fotokunst – **S. 25** Cornelsen Schulverlage/Hugo Herold Fotokunst – **S. 31** Cornelsen Schulverlage/Hugo Herold Fotokunst – **S. 33** A: picture alliance/dpa; B: Cornelsen Schulverlage/Lutz Rohrmann – **S. 38** 6. von oben: Christian Fessel – **S. 42** unten Mitte: Cornelsen Schulverlage/Hugo Herold Fotokunst – **S. 49** B: Cornelsen Schulverlage/Lutz Rohrmann – **S. 52** Cornelsen Schulverlage/Hugo Herold Fotokunst – **S. 57** B: Cornelsen Schulverlage/Hugo Herold Fotokunst; C: Cornelsen Schulverlage/Hugo Herold Fotokunst; D: Cornelsen Schulverlage/Hugo Herold Fotokunst – **S. 58** Cornelsen Schulverlage/Hugo Herold Fotokunst – **S. 59** Cornelsen Schulverlage/Hugo Herold Fotokunst – **S. 61** D: Cornelsen Schulverlage/Hugo Herold Fotokunst – **S. 67** unten: akg-images

Karten/Grafiken

U2 Cornelsen Schulverlage/Carlos Borrell – **U3**, Cornelsen Schulverlage/Dr. Volker Binder

Textquellen

S. 67 Heinrich Heine: „Ich weiss nicht was soll es bedeuten", Gedichte fürs Gedächtnis, ausgewählt und kommentiert von Ulla Hahn, DVA, 1999, Seite 126

DEUTSCHLAND, ÖSTERREICH UND DIE SCHWEIZ

1 = Basel-Stadt
2 = Basel-Landschaft
3 = Aargau
4 = Schaffhausen
5 = Thurgau
6 = St. Gallen
7 = Appenzell-Ausserrhoden
8 = Appenzell-Innerrhoden
9 = Unterwalden
10 = Nidwalden
11 = Glarus

LIECHT. = LIECHTENSTEIN

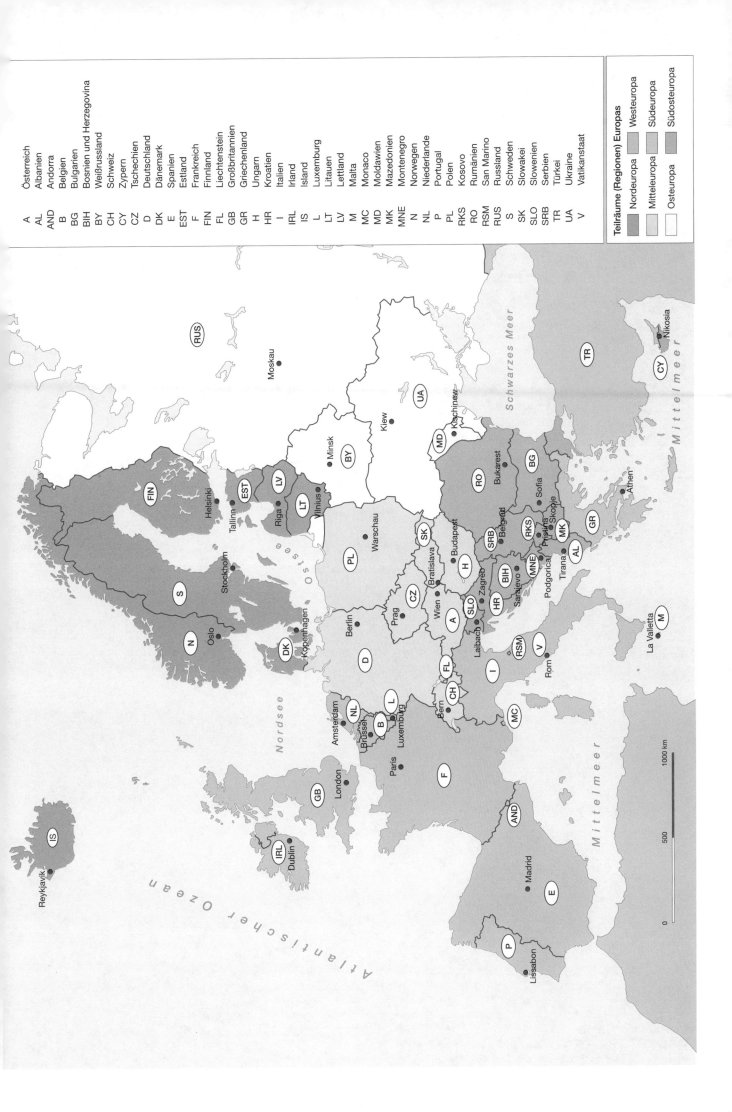